生死的哲學課

道德與科技的思考

梁光耀　著

商務印書館

責任編輯	韓心雨
裝幀設計	趙穎珊
責任校對	趙會明
排　版	高向明
印　務	龍寶祺

生死的哲學課 —— 道德與科技的思考

作　者	梁光耀
出　版	商務印書館(香港)有限公司
	香港筲箕灣耀興道 3 號東滙廣場 8 樓
	http://www.commercialpress.com.hk
發　行	香港聯合書刊物流有限公司
	香港新界荃灣德士古道 220–248 號荃灣工業中心 16 樓
印　刷	永經堂印刷有限公司
	香港新界荃灣德士古道 188–202 號立泰工業中心 1 座 3 樓
版　次	2022 年 10 月第 1 版第 1 次印刷
	© 2022 商務印書館(香港)有限公司
	ISBN 978 962 07 5922 2
	Printed in China

目　錄

前　言

優（憂）生優（憂）死

本書主要討論跟生死有關的議題，大部分屬於「生命倫理學」的範圍，生命倫理學起源於上世紀七十年代的美國，很大程度是回應科技發展對倫理的影響。無可否認，科學進步對人類的幸福十分重要，我們希望科技可以解決生育的問題（墮胎和人工生殖）；提升生命的質素（複製技術和基因改造）；減少死亡的痛苦（安樂死和死刑）；延長生命（長生不死）。不過，在使用這些科技的時候，我們亦要面對它們帶來的問題及道德上的爭議。

生命倫理學的英文是 Bioethics，這個詞是由一位婦科醫生 Andree Hellegers 所創，他於 1971 年成立了倫理學研究所，主要探討跟人工生殖有關的道德問題，由於研究所得到甘迺迪家族的資助，後來名為「甘迺迪倫理學研究所」。另一位生命倫理學的奠基人是卡拉漢（Daniel Callahan），讀哲學出身，故在理論方面有更多的貢獻，他於 1969 年創立了一所民間倫理學研究中心。生命倫理學有一個分支，叫做生育倫理學，處理跟生育有關的道德問題，如墮胎、試管嬰兒、代孕母和再生性複製等。由於生命倫理學的議題部分涉及醫療，所以跟醫療倫理學有着密切的關係。醫療倫理學是將道德理論應用到醫療的議題上，試圖解答涉

及醫療的道德爭論。道德理論大致可分為四大類：後果論、義務論、權利論和德性論；換言之，我們可以從後果、責任、權利和品德四個不同的角度討論醫療的問題。不過，有兩位哲學家博尚（Tom Beauchamp）和柴爾德雷斯（James Childress）認為，真正跟醫療問題有關的道德原則只有四個，分別是「自主原則」、「行善原則」、「不傷害原則」和「公正原則」。

自主原則強調的是人的自主性，這是人的尊嚴所在，例如病人有權決定是否接受治療，或以何種方式進行治療；在安樂死的問題上，那就是病人有拒絕治療或施救的權利，讓其自然地死去，免受醫療系統的操控。行善原則跟醫護人員的職責有關，就是盡力治癒病人，減少病人的痛苦；但有時會跟病人的自主性產生衝突。不傷害原則也是醫護人員的守則，例如不應讓病人接受一些不會帶來好處的治療，即使這些治療數據有醫學上的價值。最後一個是公正原則，主要涉及醫療資源的分配，例如器官移植，當器官在供不應求的情況下，如何分配就變得非常重要。

本書共有九章，第一章討論生死的意義，接着八章處理特定的倫理問題，計有自殺、墮胎、安樂死、死刑、人工生殖、基因改造、

器官移植及長生不死，生和死的議題各佔一半，前四個屬「死」，後四個屬「生」，最後一章的長生不死，某程度上又回到生死意義的問題上。

本書的課題

	生與死	
自殺		
墮胎		死
安樂死		
死刑		
人工生殖		
基因改造		生
器官移植		
長生不死		

梁光耀

2021 年 5 月 5 日書於香港

1

生與死

「死亡是人生最後的挑戰」

有人説，要最簡短形容人生，就只有出生和死亡兩件事，無論你是帝王將相，還是販夫走卒，在這兩件事上，都是遭遇相同。生死也是哲學和宗教的永恆主題，甚麼是生？甚麼是死？生與死又有甚麼關係呢？嬰兒出世的一刻當然就是生，但未出生之前，胎兒不就是已經存在於母體之內了嗎？生命其實早就存在；那麼，生命究竟是偶然出現，還是從哪裏走進母體的呢？死亡之後我們又會否回到這個地方來？如果是的話，來世間走一趟又有甚麼目的或意義呢？

著名後期印象派畫家高更（Paul Gauguin）有一幅關於生死的名畫，叫做《我們從何處來？我們是誰？我們往何處去？》。畫的右端有一條狗正在進入畫面，似乎是暗示了出生，而畫面由右至左，也似是敍述人由嬰兒到年老的一生，最後畫的左端有一隻鳥，正好像猶疑是否要走出畫面，似乎暗示着死亡。可是，究竟我們出生自何處？死後又往哪裏去呢？這幅畫並沒有交代，只是提出了問題。對於這些問題，哲學上可以爭論不休，宗教上則是各有各說，似乎沒有甚麼客觀的答案。

對於一般人來說，出生的喜悅和死亡的哀痛都是真實的感受。看到新生命的誕生當然值得高興，但之前胎兒要宿於漆黑的母體之中，又會否感到孤獨和恐懼呢？母親也要經歷分娩過程的痛苦，生的喜悅來自痛苦。死亡固然是悲哀，但對於身衰力弱，病痛纏身的老人來說，難道不是一種解脫嗎？如果真的有死後世界，那又是一個怎樣的世界？靈魂不受肉體的束縛是否得以自由自在呢？又是否像某些宗教所講，人死後要接受審判，上天堂或是下地獄？至今尚未有定論，是人類認知能力的先天限制，還是我們的科學未進步到解答這些問題的程度呢？

死亡的恐懼

生死是一體的，生是人生的開始，死是人生的結束。但人很自然地是求生避死，大部分人都恐懼死亡，我想有好幾個原因，

第一，死亡多是跟痛苦連在一起，很多人都是由於疾病或衰老而亡，試想那些因癌症去世的病人，之前要被病魔折磨好一段時間。第二，死亡代表失去一切，不單是物質性的東西，也包括人際的關係，總之你所有珍惜的東西都不復存在。第三，那就是自我意識的消失，產生一種不存在的虛無感。

死亡有一種「矛盾性」，那就是必然性和偶然性。正所謂「人生自古誰無死」，人是必然會死的（這並非邏輯意義下的必然性），但卻不知道何時會死（當然，也有例外，如自殺及被判死刑的人），我們隨時都有可能死亡，比如說遇上交通意外、遇溺、患上新冠肺炎等等，這就是死亡的偶然性，它總是在我們不知不覺中悄悄來臨。正是死亡這種雙重性，既必然又偶然，既確定又不確定，加添了死亡的不安感。西方古代的斯多亞學派（Stoicism）有其應對的方法，既然死亡是必然來臨的，人是沒法改變的，那麼我們只好改變自己的態度，積極地面對死亡；由於死亡的偶然性，所以最好是隨時有死亡的準備，方法就是想像每一天都是自己活在世上的最後一天，正所謂「一日一生」。

哲學就是嘗試用理性去克服死亡的恐懼，又例如古希臘的伊壁鳩魯（Epicurus）告訴我們，理性的人是不應該恐懼死亡的，因為我們在生時，死亡還未來臨，當死亡到來時，我們已經不存在；換言之，我們根本不會跟死亡遇上，恐懼一些你沒有碰到的東西是不智的。問題是，伊壁鳩魯的說法真的可以消除我們對死亡的恐懼嗎？伊壁鳩魯是一個唯物論者，人死亡只是原子的解散，正所謂「人死如燈滅」；但如果死後還有的話，那又如何呢？從佛教的角度看，唯物論完全是錯誤的，將身體等同自我是「身見」，主張

死後甚麼都沒有是「斷見」，「身見」和「斷見」是佛教所講的八種惡性見解中的兩種，持這兩種惡見死後很有可能落入地獄。如果死後還有的話，那就會產生另一種恐懼，是對於不確定的恐懼，我們不知道死後會到甚麼地方，也許死後靈魂會到地獄受苦。也有對死亡毫不畏懼的人，那就是蘇格拉底（Socrates），根據柏拉圖（Plato）對話錄《斐多篇》（*Phaedo*）的記載，蘇格拉底臨死前在獄中不但毫無懼色，還表現得十分雀躍，因為他相信死後必定會回到天堂，正如柏拉圖所説「肉體是靈魂的監獄」，死亡後靈魂就可回復自由的狀態。不過，死後要確保靈魂回到天堂，而不是地獄，生前就得做工夫，那就是靈魂要跟肉體保持距離，專注於永恆的理型，如美、正義和善等，盡量使自己擺脫慾望的支配，這就是所謂「哲學是對死亡的練習」的意義。

另外，莊子克服死亡的方法也值得參考，莊子認為生死不過是氣的聚散，只是萬物的流轉而已，生死是自然的規律，根本不用好生惡死，這種説法有點像伊壁鳩魯的唯物論，但其實莊子主張的是一種超越生死的精神境界，那就是「破生死，通人我」，與道為一。對於死後有無，莊子是持存而不論的態度，跟伊壁鳩魯的唯物論不同。對莊子來説，「道」具有絕對、無限和永恆的性質，人若修行到此境界，就可以泯除生死的差異，不會對死亡產生恐懼。可是，這是很高的精神修養，似乎比柏拉圖講的還要難，對於一般人來説，死亡的不確定性（包括死亡的偶然性和死後的去向）始終對人有很大的心理威脅。

既然死後之事渺茫難知，那倒不如不去理會，只管做好人的本分就夠了，這就是孔子「未知生，焉知死」的態度，也正如孟子所

講：「盡其道而死者，正命也。」通過道德實踐，提升人的精神境界，以義命分立來克服死亡問題的困擾，這的確有其洞見。如果我們真的能做到「殺身成仁，捨生取義」，死亡又何足懼呢？可是，「未知生，焉知死」也容易遭人誤解，產生不良的影響，那就是只重視生存，忌諱死亡。很多文化對死亡都有忌諱，但中國文化似乎特別嚴重，這跟儒家作為主流思想不無關係。相比之下，西方文化就較重視死亡問題，也許跟基督教將死亡視為原罪的代價有關，托爾斯泰（Tolstoy）探討死亡的名著《伊凡・伊里奇之死》（The Death of Ivan Ilyich）就有很強的基督教背景。即使是受中國文化影響的日本，也很重視死亡的問題，很多出色的日本電影都有探討死亡這個主題，例如名導演黑澤明的《流芳頌》。

據說現代人比古代人更恐懼死亡，這是因為現代社會崇尚個體主義，人容易感到疏離，死亡問題就格外要孤身面對，在這方面存在主義有深刻的體會；相反，在傳統社會裏，羣體比個人重要，人的自我意識不強，對死亡的恐懼就及不上現代人。在赫胥黎（Aldous Huxley）《美麗新世界》（Brave New World）這部小說中，那些缺乏深度自我意識的複製人也不怎麼恐懼死亡。在前面所講的幾種死亡恐懼之中，最有哲學意味的就是自我意識的消失，有些哲學家甚至認為想像自己的不存在是不可能的，例如歌德（Goethe）；但亦有哲學家說這根本沒有甚麼困難，正如盧克萊修（Lucretius）所說，想像自己死後不存在，就跟想像自己出生前不存在般容易。叔本華（Arthur Schopenhauer）認為死亡就是回歸我們出生之前那種無意識的永恆，打個比喻，死亡就像一滴水回到大海，個體融入整體，但如果個體被消融，又有誰享受這種平靜呢？

克 服 死 亡 的 方 法

柏拉圖	認識不朽的理型，死亡後靈魂會回到天堂
孔子	義命分立，不用理會死亡的困擾
莊子	破除生死之分，人我之別，與道為一
伊壁鳩魯	死亡時我們已不存在，恐懼死亡是不理性的
斯多亞學派	採取「一日一生」的態度
叔本華	死亡是解脫，回歸無意識的永恆，免於意志的勞役

死亡的真相

西方有句諺語：「有兩種東西不能夠直視，一個是太陽，另一個
是死亡。」但死亡可以討論嗎？從醫學的角度看，腦死就是死亡，
背後有着唯物論的立場（但醫學或科學不一定要預設唯物論的立
場），心靈不能獨立於肉體，心靈活動不過是腦部的化學反應，
腦死之後就會消失。如果死後還有心靈存在又如何呢？可是，
從來沒有人真正經歷死亡後告知我們死亡是怎麼一回事，即使相
信有所謂終後經驗，那死後的世界亦只有當事人才可以確認；
不過，有瀕死經驗的人至少可以告訴我們部分的真相，根據這類
瀕死經驗的報告，大部分人都有相似的經歷，就是感到靈魂離開
了肉體，進入有光的隧道，出了隧道有花田，而花田的對岸像是
有死去的親友。據説若渡河去對岸的話，那就是真正的死亡，所
以有瀕死經驗的人都沒有渡河的報告。研究瀕死經驗的專家穆

迪（Raymond Moody）在《死後生命》(*Life After Life*，1975) 一書將瀕死經驗分為十個階段，他在 2001 年再版此書時明確表示瀕死經驗是解開死後生命的鑰匙。但是，亦有不少科學家提出反駁，主要有兩點，一個主張所謂「瀕死經驗」只是大腦的化學反應所造成；另一個則認為這是人的心理反應，比如說穿越隧道的經驗只是出生時穿越產道經驗的再現。

我認為宗教應該是死亡的專家，告知我們死亡的意義和死後的去向，而對死亡說明得最全面和深入的要算是佛教。雖然目前尚未有充分的科學證據印證佛教所說的為真，但至少可以提供一個討論死亡的角度作為參考。佛教主張人死後神識會離開肉體，成為中陰身，一般叫做靈魂，最多可停留人間四十九天，之後就要投生於六道，經歷輪迴。死亡本身是一個過程，人會經歷四大的解散，四大就是地大、水大、風大和火大，人的肉體是由四大所構成，四大跟古希臘所講的四元素不同，四大代表的是性質，以地大為例，它代表的是堅固的東西。在死亡的過程中，地大先解散，部分神經壞掉，不能動彈；然後是水大解散，人會出汗和失禁；接着是風大，呼吸漸漸微弱，最後斷氣，身體也失去溫暖，這就是火大的解散，可見死亡是一個痛苦的過程。西方傳統有一種說法，當連接靈魂和肉體的靈子線斷了，靈魂就不可能再回到肉體，那就是死亡，蘇格拉底曾跟其守護靈討論過靈子線的問題，靈子線是銀色的，又稱為銀線，從這個角度看，我們可以將死亡定義為「靈魂完全離開肉體」。

並不是所有人死後都會經歷中陰身的階段，大善之人會直接升上天界，而大惡之人則會直下地獄。

死亡：四大的解散，靈魂離開肉體

中陰身：具有神通，最多停留人間四十九天

投生：根據業力，在六道中輪迴

各種宗教對靈魂的性質都有不同的看法，佛教說萬物皆空，靈魂也不例外；但柏拉圖和基督教都認為靈魂是永恆不朽的，《斐多篇》的主旨就是論證靈魂的永恆不滅，柏拉圖認為靈魂分為理性、意志和情慾三部分，他主張用理性控制意志和慾望，這樣人死後就能回到高階層的天界。基督教主張人死後靈魂會先到陰間，待審判之日到來，人會以肉體的形式復活，上天堂得享永生，或下地獄受永恆之苦。道教對於靈魂的說法就更加複雜，有所謂「三魂七魄」之說，三魂就是天魂、地魂和人魂，人死後三魂各有去處，天魂歸天路，地魂回地府，人魂則在墓地徘徊，待再度投生時三魂才會重聚，七魄指的是人的七種情緒。此外，還有古埃及和其他古文化，對靈魂的構造有着各種形形色色的主張。大部分宗教都有天堂和地獄之說，但對現代人來說，這些距今二千多年的說法似乎有點遙遠；不過，近代有一個自稱能夠上天堂下地獄的人，我認為他的說法可信性極高，這人名

叫史威登堡 (Emanuel Swedenborg)，是十八世紀跟牛頓 (Isaac Newton) 齊名的科學家，他將遊歷天堂地獄的經歷寫成八冊《天堂的奧秘》(*Arcana Coelestia*)，就連十八世紀最偉大的哲學家康德 (Immanuel Kant) 也是他的讀者，康德在 1766 年發表《通靈者之夢》(*Träume eines Geistersehers, erläutert durch Träume der Metaphysik*) 的直接原因就是回應史威登堡的神秘經驗。當然，到目前為止，我們還沒有充分的科學證據證明死後世界的存在，但科學並非我們信以為真的唯一憑據，像史威登堡的報告也可以是有力的證據，況且還有數不清前世記憶的報告，例如早前有一本暢銷書叫做《前世今生》(*Many Lives，Many Masters*)，就是有關輪迴轉世的。

生命的意義

有人認為，如果沒有死亡的話，人生就不會有甚麼目的。這種說法有一定的道理，假使我們是永生不死的話，你就不會急着要做些甚麼，或訂立甚麼目標，反正你有無限的時間，正因為人會死亡，時間有限，我們才需要思考甚麼是重要的，確立自己的人生目的，因為當你選擇做 A 的話，可能就沒有多餘的時間完成 B。而事實上，很多人患上絕症之後，知道自己時日無多，就會思考人生的價值，或是趕快完成有價值的事，例如在《伊凡·伊里奇之死》這部小說裏的法官，在面對死亡的歷程上，覺醒只有精神

生命才是真正的生命,對死亡的恐懼不過是對虛假生命的恐懼;又例如《流芳頌》這部電影裏的公務員渡邊,平時做事總是得過且過,但當他得知患了絕症,就決心在死之前為居民做一件好事,建造一個兒童公園。

不過,人生意義是否如存在主義所講,只是人的主觀選擇呢?如果是的話,有人覺得人生毫無意義,那選擇自殺又有甚麼問題呢?反對自殺的人多數認為,生命本身就有重要的價值,有些人甚至主張人的生命有神聖價值,因為生命是上帝賜予的。由於人的生命有神聖的價值,所以墮胎、自殺和死刑都是錯誤的;可是,我們是否也須要禁止車輛和飛機等交通工具呢?因為每年都有數以萬計的人死於交通意外,沒有交通工具就不會有人死於交通意外。即使生命有重要的價值,也不見得是至高無上,可以凌駕其他價值。即使我們應該盡量保護人的生命,也不表示要無條件地這樣做,例如維持植物人的生命,有時我們也需要考慮生命的品質。

有人認為,生命品質比生命本身更重要,蘇格拉底不就是說過「未經反省的人生不值得活」嗎?即使是主張生命是神聖的基督教,不也是讚揚殉教者的行為嗎?殉教者的價值在於犧牲自己的生命,以提升其他人的生命品質。耶穌談論背叛他的人時也說:「他沒有出生還好。」如果我們考慮到生命的品質,是否應該摧毀那些極度邪惡的生命呢?如果是的話,死刑就有其合理之處;對於那些有嚴重先天缺憾的胎兒,墮胎不也是一個解決問題的方法嗎?還有那些患了不治之症的末期病人,與其看着他們受不必要的痛苦,那麼應他們的要求給予安樂死不是更好的選擇嗎?

我認為生命之所以有價值，就是因為通過生命，我們可以實現或促成生命中的美好事物，例如美、愛、思考、正義和知識等等。假如真的有死後的生命，我也認為心靈的質素會決定我們的去向，心靈質素越高者，所去的地方也會越好。

生 命 的 價 值

生命的價值	生存本身就有價值
	實現重要的價值如真、善、美

臨終治療

隨着營養的改善和醫療技術的進步，人的壽命將會越來越長，以前有所謂「人生七十古來稀」的説法，但現在八、九十歲已是常態，而人的壽命甚至可長達一百二十歲，依照目前科技的進度，相信這是指日可待。但是長壽並不表示不會衰老，高齡的長期病患者人數也正在增長，我們不但需要照顧老人，也要協助他們解決死亡的困擾。現代社會不同於傳統社會，以前的人多數死在家裏，正所謂「壽終正寢」，正寢就是指自己居住的房間，現在的人則大部分死在醫院。很多臨終病人都會出現心理上的問題，展示出負面的精神狀態，隨着人壽命的延長，這些問題將會越來越嚴重，而臨終治療也變得十分重要。

臨終治療的目的是改善病者的負面情緒，讓他們能夠安然地接受死亡。臨終治療必須結合生死學和精神醫學，正如前面所講，生

死是一體兩面，生命的意義離不開死亡的意義，處於臨終狀態的人很自然會思考生死的問題，比方說繼續受苦又有甚麼意義？為甚麼不可以早點了結生命呢？或是要堅強地生存下來，直到生命的結束，才能彰顯生命的尊嚴嗎？雖然孔子「未知生，焉知死」的態度有其智慧，那就是不需要訴諸鬼神仍能安身立命，但若完全不思考死亡的問題，就會偏重於生的一面，當人面對死亡時，可能會顯得措手不及。可是，對於死亡之事，宗教卻是各有各說，莫衷一是，甚至互相矛盾，例如佛教說有輪迴，基督教卻否定輪迴之說（據說早期的聖經有輪迴的記載，只是後來遭刪除，大概是輪迴的說法會削弱教會的權威）。從佛教的角度看，要認識死亡的真相，可以通過修煉，體證其中的道理；但對於一般人來說，也只有相信如此而已，要解開死亡之謎，我們唯有寄望科學的進步，這將會是生命科學的課題。對於死亡真相的思考，到目前為止，也許只能夠窮智見信。

至於精神醫學方面，是從精神治療的角度，消除負面的心理狀態，這主要是心理學的入路，有別於重視思考的哲學入路。有關臨終治療的實踐，可以庫伯勒‧羅斯（Elizabeth Kubler-Ross）的研究為基礎。羅斯是美國精神醫學的專家，她在 1969 年出版了《論死亡與臨終》（*On Death and Dying*）一書，論述了末期病患者的五個階段，但此書特別的地方是提出了一個看待死亡的角度，就是不將死亡視為威脅，反而將它看成是一種挑戰，或是生命成長的最後階段，藉此建立生命的價值，就以上面提到的伊凡和渡邊為例，他們面對死亡都有所領悟。

末期病患者的五個階段

當然，並非每一個末期病患者都會經歷這五個階段，這只是一個分析的模型。

第一階段　　否認及疏離
第二階段　　憤怒
第三階段　　討價還價
第四階段　　消沉抑鬱
第五階段　　接受

雖然羅斯並未提出有效的治療方法，但她很重視維也納精神醫學教授維克多‧弗蘭克（Viktor E. Frankl）的意義治療法，談論意義治療法的中譯本叫做《活出意義來：從集中營說到存在主義》（*Man's Search for Meaning: an Introduction to Logotherapy*），弗蘭克經歷過納粹集中營慘無人道的生活，對死亡自有一番深刻的體會，他認為，意義探索是生命高層次的追求。他的意義治療法有點像傳統牧師的工作，那就是幫助病人打開高度精神性的價值領域，也不妨說意義治療法是一座連接科學與宗教的橋樑。意義治療分為三層，每一層又有三個部分，第一層的三個部分是：1.意志的自由；2.意義探索的自由；3.人生的意義。由於人有自由意志，人會探索意義，成就人生的意義。第二層是人生意義的具體涵義，也分為三個部分，亦是三種價值：1.創造性意義的價值；2.體驗性意義的價值；3.態度性意義的價值。比如說創造藝術就是創造性意義的價值，欣賞藝術是體驗性意義的價值，而態度性意義的價值則是最重要的，那就是肯定存在的價值，將人生視為一種任務，而孟子講的「盡其道而死者，正命也」則是儒家的版本。第三層是深入態度性價值，這涉及人生的終極狀

況，也分為三部分：1. 受苦；2. 罪疚；3. 死亡。其實這三種狀況都是很多人進入宗教的契機。雖然意義治療法並不主張特定的宗教，卻由此指出終極的意義，帶領病者進入超越性的精神領域。簡言之，意義治療法是肯定存在的價值，視人生為一種任務，探索和創造價值，弗蘭克基本上是反對自殺和安樂死的。對於臨終精神治療來說，意義治療法的好處是能夠接上宗教和哲學。

意義治療法的三層理論

意志的自由
意義探索的自由

人生的意義 ｛ 創造性意義的價值
體驗性意義的價值 ｛ 受苦
態度性意義的價值 ｛ 罪疚
死亡

李天命的天人學

接着我想介紹李天命先生的天人學 (見於《哲道行者》一書)，據李先生所說，天人學是處理生死的問題，那就是「如何生存得愉快而有意義」及「如何面對死亡而不失寧定安然」。李先生的天人學有四個最基本和重要的觀念，稱為「天人四諦」，那就是：1. 九一妙心；2. 情愛宗教；3. 事恆角度；4. 神秘樂觀。

九一妙心是用來處理自我的問題，李先生認為很多心理問題是源於自我處理失當，其中的關鍵就是自卑，而九一妙心的作用是喚醒我們的獨一性，從思想層面消除自卑。通常我們之所以自卑就是不如人，例如考第九的會覺得不如考第一的人，李先生指出雖然考第九的沒有考到第一，但考第一的也沒有考到第九，這個比喻旨在說明作為主體，每個人都是獨一無二的，我們都是自己世界坐標體系的原點，自卑源於與人比較，但主體或原點都是超越比較的，我們不可以說某個主體比另一主體更主體，這個原點比那個原點更原點。不過，從思想上消除自卑並不表示心理上不會感到自卑，只要我們跟人比較，還是會感到自卑；但在思想層面沒有自卑有助於我們消除心理層面的自卑。

情愛宗教涉及他人的關係，李先生認為情愛是每個人的最深層渴求，我們總希望得到他人的喜愛、認同和讚賞，人需要情感上的安頓。情愛是廣義的，包括愛情、親情和友情。不過，過於追求他人的喜愛、認同和讚賞，就變成了虛榮；李先生指出，一方面要防止虛榮心膨脹，但另一方面，又不妨適度地滿足虛榮心，因為虛榮心也是人性的深層渴求。正如亞里士多德（Aristotle）所說，人是羣居的生物；即使一個人可以獨自生活，精神上也需要他人的依靠。

人總歸會一死，好像是甚麼都會毀壞，沒有一樣東西可以永存，人即使多努力，所有成果最後都會成空，這種虛無感十分普遍。李先生主張用事恆角度來對治虛無主義，事恆角度是一種觀看世界的形上角度，事件不同於事物，事物會毀滅，事件卻是實在

的，事件一旦出現，就不會由有到無，例如「我畫了一張很滿意的畫」，縱使這張畫總有一天會毀滅，但「我畫了一張很滿意的畫」這個事件卻是永恆不變的，連上帝有也不能改變這個事實，人生的意義正繫於一連串的事件。

至於人死後如何？李先生提出神秘樂觀的觀念，那就是信託宇宙是我們的本源，肯定最終都會得到圓滿的結果，至於具體內容則是我們現在無法得知的，故名神秘樂觀，那是最大的樂觀。正如前面所講，不同宗教對於死後如何的看法有很大的差異，有時甚至是互相矛盾，究竟誰是誰非，我們亦很難判斷，而李生所講的神秘樂觀，由於所陳述的內容極少，被推翻的機會也極低。

天人四諦

九一妙心	處理自我的問題，清除自卑	生存得愉快和有意義
情愛宗教	處理他人的關係，安頓情感	
事恆角度	視察宇宙的觀點，對治虛無	面對死亡而不失寧定安然
神秘樂觀	涉及死後的世界，消解恐懼	

跟其他宗教思想比較的話，李先生的天人學主要是形上的觀點，只有提點的作用，並沒有甚麼具體內容，但會影響我們的態度。要注意的是，天人學並沒有處理正義的問題，比如說佛教有所謂善有善報，惡有惡報；基督教則有最後審判的說法；道教亦有承負之說。個人認為，李先生的天人學近於道家，有其順其自然，逍遙自在的精神，不需為生死的問題而煩惱，不妨稱之為「新道家」。

總結

最後我想講講自己對生死的看法，我相信人死後靈魂會離開肉體，
經歷輪迴轉世，雖然李先生的天人學並沒有輪迴的內容，但其實
他在《哲道行者》一書中表示相信有輪迴轉世之事。但我所說的輪
迴跟佛教的不同，比較接近柏拉圖的說法，我稱死後的世界為實
在界，實在界比現在我們身處的世界廣大得多，而人的靈魂會不
斷穿梭於世間和實在界，也可以說，在世間死亡後，人就會在實
在界重生，經歷一段時間後，會再投生於世間，這好像是在實在
界死亡。從這個角度看，人有兩重的生命，一個是永恆的生命，
那是指靈魂，蘇格拉底臨死前主要就是為學生和朋友講解靈魂的
永恆不滅；另一個是在世間的短暫生命，死亡之後再回到實在界。
假若我們真的活在自由自在的實在界，既不用工作，也沒有成長
的煩惱，為甚麼要投生於這個充滿痛苦的世間？輪迴轉世究竟有
甚麼意義呢？我認為這是為了靈魂的進化，實在界有着不同的階
層，每一次我們來到世間就是一次學習，累積經驗，目的是提升
心的質素，死後根據心的質素前往相應的實在界，對於質素差的
靈魂來說，很可能就要到叫做「地獄」的地方進行深切的反省。

前面提到人生的任務，我認為每個人的學習題目都不一樣，並且在
投生前都擬定好人生計劃；不過，有這樣的人生計劃並不表示我
們一定能實行，尤其是我們投生後被蒙上無知之幕，忘記了前生的
種種和投生的計劃，所以每個人都有一個相同的任務，就是探討自
我，認識自己的投生計劃。從這個角度看，人生是一個課題，人也
必須積極，否則死後回到實在界就有可能會為虛度人生而後悔。

勃克林這幅以「死亡」為主題的繪畫，屬於象徵主義的風格，給人一種寫實和夢幻結合的感覺。人死後會由船夫運到死亡之島上的墓室安葬，島上的杉樹正象徵死亡，高大直立的杉樹跟廣闊橫亙的海面形成強烈的對比。畫的焦點是小舟上的白色人物，這是死神嗎？還是來自棺木的亡者呢？俄羅斯作曲家拉赫曼尼諾夫受到這張畫的啟發，創作出《死亡之島》的交響曲。

《死亡之島》(1880)

作者：勃克林
原作物料：油彩
尺寸：111 x 155cm
現存：巴塞爾美術館

2

自殺

「最具普遍性和真切性的哲學問題——為甚麼不自殺？」

自殺是一個古老的哲學問題，早於古希臘時代就有哲學家討論自殺的問題。卡繆（Albert Camus）在《西緒弗斯神話》（*Le Mythe de Sisyphe*）一書中說只有一個真正的哲學問題，那就是「為甚麼不自殺？」站在存在主義的角度，既然我們面對着荒謬的世界和毫無意義的人生，那為甚麼不自殺呢？但卡繆其實是反對自殺的，他認為自殺只是逃避，人必須對抗荒謬，透過自己的抉擇，創造意義，過着自決的人生。不過，既然人能夠自決，為何自殺不可以是一個選項呢？

不錯，很多自殺者都感到人生毫無意義，或失去人生意義；但自殺還可以有別的原因，如一時衝動自殺、畏罪自殺、以死明志、用自殺來報復等等。自殺者當中也不乏責任心重的人，日本社會經常有社長自殺，這是因為日本人普遍都勤力工作，公司倒閉的原因多數是社長失職，所以才會以死謝罪，有點像切腹的傳統。在中國傳統社會，當遇上義務衝突時，如忠、孝不能兩全，責任心重的人也往往會選擇自殺。這種在道德兩難下選擇自殺的事在現代社會也有可能發生，比如說婆媳之爭會令身為兒子和丈夫的當事人陷入兩難之中。

有人認為自殺的人其實是不想死的，他們只是解決不了問題，所以我們應該幫他們解決問題。這種觀點似乎暗示了自殺是不智的，因為問題總有解決的方法；但這是否表示，若問題不能解決就可以自殺呢？比方說人到了絕望的地步，這裏涉及自殺的合理性問題。有人批評自殺者缺乏生存的勇氣，但也有人認為自殺是勇氣的表現；有人說自殺有損人的尊嚴，但亦有人指出自殺反而彰顯人的尊嚴，因為這是人自決的表現，這裏則涉及自殺的道德性的問題。有人說自殺既然是非理性，也就是不道德的；不過，我認為自殺的合理性和道德性是不同的，但兩者可以有重疊之處。

自殺的分類

我們先討論一下自殺的定義，自殺必須符合兩個條件，一個是當事人自願去死，另一個是他採取行動結束自己的生命。根據第一個條件，就可以排除那些被人強迫「自殺」的事件，例如在《切腹》這部電影中，一位武士被人圍困起來，被迫自行切腹；換言之，他不是自願地殺死自己。根據第二個條件，自願安樂死也不算是自殺，因為病人並沒有親手殺死自己，他需要醫護人員動手結束自己的生命，可稱之為「協助自殺」，但亦有人認為「自願安樂死」跟「協助自殺」不同（兩者的區分會在第四章「安樂死」討論）。不過，如果我們真的嚴格遵守第二個條件的話，即使是自願切腹，也不符合自殺的定義，因為當武士剖腹之後，那痛楚其實是難以忍受的，需要另一個人幫他了結，這個人稱為「介錯人」，「介錯」是指在日本切腹儀式中為切腹者斬首，免除其不必要的痛苦，所以嚴格來說，切腹者並不是親手殺死自己。相反，如果我們將第二個條件定得寬鬆一些，自願安樂死也可以算是自殺，因為病人明確地提出安樂死的要求，如向有關當局申請及簽署同意書。

為甚麼人會結束自己的生命？初步看來，從動機上我們可以將自殺區分為兩大類，一類是「為己自殺」，另一類是「利他自殺」；前者是為了解除自己的痛苦而自殺，例如身患頑疾，後者則是為了解除他人的痛苦而自殺，比如說犧牲自己拯救他人的生命，例如越戰時有一名美國士兵為了拯救同袍，用身體擋住手榴彈，結果犧牲了自己。當然，大部分自殺都是「為己自殺」，「利他自殺」其實十分罕見，一萬宗自殺事件中也未必有一宗是「利他自殺」。不過，有些自殺似乎難以歸類，例如極端伊斯蘭教徒的自殺式襲

擊，他們不是為了解除個人的痛苦，所以不算是「為己自殺」，只是為了實現某種價值而犧牲自己，但必須傷害無辜者，也不是「利他自殺」。還有，儒家講的「殺身成仁」、「捨生取義」，有時為了仁義，我們必須放棄自己的生命，或以自殺來成全仁義。例如在元劇《趙氏孤兒》中，就先後有三個人為了保護趙氏遺孤而自殺身亡，可稱之為「利他自殺」。但儒家的捨生取義不一定有利他的成分，例如明末時史可法抵抗清兵，城破被俘，史可法不肯投降，欲殺身成仁不果，反而觸怒清軍，惹來屠城之災。這種「殺身成仁」的行為在傳統社會是受到讚揚的，有點殉道的意味。

在中國傳統社會，殉國是殉道的一種常見形態，殉道是為了實現儒家的仁義而犧牲自己的生命，但「仁義」只是抽象的普遍價值，落實到現實人生就演變為具體的人際關係，如「忠」、「孝」，所謂「餓死事小，失節事大」也可以說是殉道的一種表現，婦女寧願自殺也不願被污辱，其實在西方也有類似的情況，在羅馬人迫害基督徒的時代，女性教徒也往往選擇自殺來避免羅馬士兵的強暴。殉道或殉國都是為了實現某種價值而了結自己的生命，那麼殉情又怎樣呢？祝英台撞墳而死可以視為殉情的典範，也許有人認為殉道或殉國的價值都高於殉情，這涉及價值評估的問題。

由於有些自殺既不屬於「為己自殺」，又難以歸類為「利他自殺」，所以我修改了之前的區分，將自殺分為「為己式自殺」和「非為己式自殺」，「非為己式自殺」包括「殉道」、「殉國」、「殉教」、「殉情」及「利他自殺」等等，它們也不一定是排斥的，以文天祥的自殺為例，既可視為「殉道」，也可當成「殉國」；而屈原的自殺，固然是「殉國」，也有「利他的成分」，因為他希望藉此喚醒國君

和人民。「殉道式自殺」令我想起了蘇格拉底，在西方哲學史上，蘇格拉底被視為殉道者，但他算是自殺嗎？不錯，他是服毒而亡，但這是法庭的判決；然而，他其實有逃走的機會，卻甘願受罰，這又似乎符合了自殺的兩個必要條件。如果蘇格拉底之死可視為「殉道式自殺」，那麼，耶穌自願上十字架又算不算呢？事實上，二世紀時的基督教神學家德爾圖良（Tertullian）就認為耶穌是自殺而死，因為耶穌明知進入耶路撒冷必死無疑，但他仍然決意這樣做；當然，他這樣做的目的是為了拯救世人，屬於「利他自殺」，也是「殉道式自殺」。

自 殺 的 種 類

「為己自殺」和「非為己自殺」的區分存在灰色地帶，比如說「殉情」，有人認為殉情者不過是為了解除自己的痛苦，歸入「為己自殺」亦無不可；「以死明志」雖然是為了表示自己的清白，但亦可以理解為對公正價值的重視，也可算做「非為己自殺」；另外，像「切腹」這類自殺，亦有為己的成分（個人名譽）。

為己自殺	失戀自殺
	失業自殺
	因病自殺
	財困自殺
	事業失敗自殺
	畏罪自殺

	以死明志
	殉情自殺

非為己自殺	自殺式恐怖襲擊
	以自殺（如自焚或絕食）來抗議
	利他自殺（如拯救他人的生命）
	殉國自殺
	殉道自殺

自殺合理嗎？

一般來說，我們會譴責「為己自殺」，卻讚揚「利他自殺」、殉國或殉道式的自殺。當然，有些自殺行為過往受到表揚，但今天卻不會，例如「切腹」在日本傳統社會就得到高度的讚揚。「為己自殺」的爭議性較大，為了方便起見，以下讓我們將「為己自殺」簡單稱為自殺。當我們反對自殺時，通常會說這是不合理或違反道德，彷彿理性和道德是同一回事，但真的嗎？例如康德就認為道德是來自人的理性，道德法則都是理性頒布給我們的定言律令，所以違反道德就是違反理性。但我們不一定要預設康德的道德理論，在這裏我就將合理性和道德性分開討論，也許我們可以有合乎理性卻違反道德的自殺，或是不合乎理性卻合乎道德的自殺。在這一節我們先討論自殺的合理性，以後兩節才討論道德性的問題。

有人認為自殺是非理性或違反理性的，理性的人不會自殺，而自殺的人就一定是不理性。就以那些因為失戀、失業或財困而自殺的人為例，雖然當下他們有生不如死或身處絕境的感覺，但其實痛苦只是短暫的，如果沒有自殺的話，往往過了一段時間情況就會好轉，當初只是在強烈的情緒下作了愚蠢的決定，所以自殺是不理性的。從這個角度看，我們也可以說項羽的自殺是不合乎理性，雖然項羽經歷了重大的挫敗，但其實他當時還有逃走的機會，說不定可以東山再起，但他卻說無臉見江東父老，寧願選擇自殺，似乎是不能面對自己的失敗。

不過，並不是所有自殺（為己自殺）都是如此，就以患了絕症的病人為例，他們的情況不但不會好轉，而且還會不斷惡化，承受着身體和心靈的極大痛苦；那麼，若這些病人選擇自殺的話，這是合乎理性嗎？我認為這視乎病情而定，如果病人已經不能體會生命中的美好事物，生存下去只有負面的價值，那麼自殺就是一個理性的決定。又例如患了失智症的病人，他們的病情只會越來越嚴重，最後甚至完全喪失照顧自己的能力，生存也成為了別人的負擔，如果他們在患病的初期，趁自己還有自決能力時了結生命，這又是否合乎理性呢？我認識一位哲學老師，他曾表示若自己衰老時沒有人照顧的話，也會選擇自殺結束自己的生命，在他看來，處於這種情況下，自殺完全是一個合理的決定。

但並非所有情況都可以作出明確的預測，就以梵谷（Van Gogh）為例，他自殺之前畫了一張畫叫做《麥田羣鴉》，畫的是一羣烏鴉在麥田上拍打翅膀，他曾表示這塊麥田代表着悲哀和孤獨，而其遺言則是「痛苦永存」，可見他之所以自殺，就是再不能承受精神上的痛苦，當時他已患上精神病。不過，其實他在畫壇上已漸漸受人注意，如果能多堅持幾年，情況將會大大改善；但對當時的梵谷來說，這並非合理的預測；又或者對於一個精神病患者來說，可以有經理性思考的自殺嗎？又以貝多芬（Ludwig van Beethoven）為例，當他失聰之後，也曾想過自殺，連遺書都寫好，的確，對於一個這樣的作曲家來說，音樂就是他的生命，失去了聽覺簡直是生不如死，如果他真的自殺死了，似乎也可以說是合理的自殺，但就不會有後來響滿世界的第二至第九交響曲誕生，其中的命運交響曲明顯是其對抗命運的自白。

以上我們所講的「生不如死」並非指死後你會存在着一種狀態，可以跟繼續生存的狀態作比較，然後得出生不如死的結論，我們只是對繼續生存下去的狀態作出評價，若整體質素非常差，令人難以忍受的話，這樣就是生不如死。當然，這條不值得活下去的界線可能會因人而異，但沒有明確界線並不表示沒有約略的界線。話說回來，「死後就不存在」這個假定有可能不是真的。如果死後還有的話，那麼我們就可以將繼續生存下去和死後的狀態作一比較，究竟是「生不如死」，還是「死不如生」。根據基督教的說法，自殺者會下地獄，因為自殺是一種罪，而且人一自殺就沒有機會為這種罪懺悔，最終會下地獄受永恆之苦。這明顯是「死不如生」，那麼自殺就不合乎理性；因為原本我們是想免除痛苦，但反而帶來更大的痛苦。佛教也有類似的主張，人之所以受苦是由於業力所致，如果為避免痛苦而自殺的話，那就是製造新的惡業，死後要到地獄受苦，有時甚至連地獄也去不了，成為了「地縛靈」，終日徘徊在自殺的地方。不過，我認為所謂「自殺者下地獄」只是一個概括的說法，並非每個自殺的人都會下地獄，如果真有地獄的話，應該根據一個人的整體表現來判定是否要下地獄，我認為道德高尚者，即使自殺也不會下地獄，例如日本維新時代的西鄉隆盛。

當然，地獄之說目前無法證明，而我們所講的「自殺合理性」也只能局限於繼續生存的整體質素，若整體質素低於某個標準，人生全是負面價值，那麼自殺就是合乎理性的。不過，合乎理性不一定合乎道德，下一節我們會討論反對自殺的理由。此外，自殺的合理性也可以從目的和手段的角度來看。叔本華（Arthur

Schopenhauer）雖然被稱為厭世的悲觀哲學家，卻是反對自殺的，在〈論自殺〉一文中，他認為自殺者的目的是從痛苦的世界解脫出來，但自殺並不是罪，只是用錯了方法；因為自殺只是消滅了個別生命，即「生存意志」在特定時空的呈現，卻消滅不了「生存意志」本身。這跟卡繆反對自殺有點相似，卡繆認為自殺對抗不了荒謬；但我懷疑究竟有多少人自殺是為了對抗荒謬或消滅生存意志，看來這兩位哲學家反對自殺的理由，對一般人來說並沒有甚麼說服力。

反對自殺的理由

反對自殺的理由可以分為兩種，一種是上一節講的不合乎理性，另一種是違反道德，其中以維根斯坦（Ludwig Wittgenstein）的指控最嚴重，他認為自殺是一項基本的原罪，因為容許自殺的話，則做甚麼都可以。維根斯坦的說法有點難明，或者可以這樣理解，就是既然一個人連自己都可以毀滅的話，他還有甚麼事做不出來呢？又或者是若社會容許自殺的話，則社會最後會崩潰。但容許自殺真的會產生這樣的危機嗎？自殺的本質是惡嗎？

古希臘的哲學家如柏拉圖和亞里士多德都反對自殺，在《斐多篇》中，柏拉圖認為人的生命屬於神靈，人對神有責任，所以不可以自殺，除非得到神靈的許可，就像蘇格拉底那樣（蘇格拉底說當他有不當的行為時，神靈會叫他不要做，但他決定服毒時神靈卻

沒有阻止他）。另外，柏拉圖有靈魂轉世的思想，在他看來，肉體是靈魂的監獄，我認為這種觀點也可以建構一個反對自殺的論證，因為自殺就等於逃獄，所以是錯的；也可以這樣理解，人投生到世間有一定的使命，而自殺正是逃避責任。雖然亞里士多德並不相信靈魂轉世，但他也認為自殺是錯誤的，在《尼各馬可倫理學》(*The Nicomachean Ethics*) 一書中，他指出由於人受惠於社會，所以人對社會有一定的責任，自殺正是逃避責任，也是懦夫的表現。

基督教也是反對自殺的，自殺身亡的人不得進行葬禮，而自殺不遂者亦會被逐出教會；但其實早期基督教並沒有否定自殺，聖經也沒有明確表示自殺是錯誤的，就以猶大為例，他出賣耶穌後上吊而亡，但聖經並沒有譴責其自殺行為。直到四世紀奧古斯丁 (Augustine) 才對自殺作出嚴厲的譴責，因為當時有不少信徒藉此早日來到天國，甚至付錢給人殺掉自己。奧古斯丁引用「十誡」中的「不可殺人」來反對自殺，由於自己是人，所以不可殺人也包括不可殺自己，其後奧古斯丁的思想成為主流，從此自殺也成為了重罪。受了柏拉圖思想的影響，奧古斯丁也認為人的生命屬於上帝，所以人不可以自殺；甚至有神學家視自殺為一種奪權的行為，是對上帝的大不敬。反對自殺的還有十八世紀的大哲學家康德，康德認為義務來自人的理性，人必須履行義務，而生存則是人最基本的義務，因此自殺是錯誤的，那是將人看成只是消除個人痛苦的手段，損害人的內在價值。

總結西方傳統有三個反對自殺的理由，一個是對神的義務（柏拉圖和基督教），另一個是對社會的義務（亞里士多德），還有

一個是對自己的義務（康德）。其實十二世紀的神學家阿奎那（Thomas Aquinas）就提出了類似的説法，在《神學大全》（*Summa Theologica*）一書中，阿奎那繼承了教會反對自殺的傳統，並從三方面提出論據，就是自殺違反了人對神的義務、對社會的義務及對自己的義務。對於重視孝道的儒家思想，正所謂「身體髮膚，受之父母，不敢毀傷，孝之始也」，自殺是傷害自己的行為，明顯是不孝，那是對於父母的責任。另外，阿奎那認為自殺是違反了自然法，求生是人的自然反應，自殺是不自然的；但為甚麼不自然就是不道德呢？還有，當一個人患了重病，生不如死的時候，想自殺也是很自然的事。這個論證的問題是假設了不自然就是不道德或有害的，這假設明顯是不恰當的，可歸入不當預設謬誤的類別，稱為「訴諸自然的謬誤」。

訴 諸 自 然 的 謬 誤

很多人會用「違反自然」來反對自殺、安樂死、同性戀及基因改造等等，這種推論方式正是犯了訴諸自然的謬誤。

X 是違反自然
_____

因此，X 是有害或不道德

（預設了違反自然就一定是有害或不道德）

雖然以上各家思想都反對自殺，但也不會認為「不可自殺」是絕對的，因為至少「利他自殺」和「殉道式自殺」在道德上是容許，甚至獲得讚揚。自殺之所以是錯誤是因為我們捨棄了責任，不論是對神的責任，或是對社會的責任，還是對父母的責任，總之就是責任；但「利他自殺」和「殉道式自殺」卻是超乎我們的義務，大可凌駕以上所講的各種責任。

	人對神有責任	柏拉圖、基督教
不 可 自 殺	人對社會有責任	亞里士多德
	人有生存的責任	康德
	人有在世間修行的責任	佛家
	人對父母有責任	儒家

贊成自殺的理由

我想先區分出「理由」和「原因」這兩個概念，理由是指我們贊成或反對某主張的根據，而原因則是導致某事物出現的因素，可能有人以為提出了自殺的原因就等同於給予理由，這正是混淆了理由和原因，例如某人自殺的原因是沮喪，但沮喪並不是支持自殺的理由。找尋原因和提供理據也正是科學和哲學的分別，比如說當心理學或社會學研究自殺時，它們要尋找的是自殺的原因，有甚麼心理或社會因素促成自殺，舉個例，著名社會學家涂爾幹（Emile Durkheim）有一部著作叫《自殺論》（Le Suicide），就是研究社會變遷跟自殺行為的關係，他發現當社會發生巨大變遷時，無論是好還是壞，自殺率都會上升。但社會學或心理學家都不會對自殺的對錯作出判斷，因為他們要保持價值上的中立；哲學卻不同，哲學正要判斷自殺的對錯，並提出理據。

所謂贊成自殺並不是主張人應該自殺，而是說自殺在道德上是容許的。為甚麼自殺在道德上是容許呢？有人說這是因為人有「死

亡權利」，但我們真的擁有死亡的權利嗎？在聯合國的《人權宣言》中當然找不到這項權利，不過，難保有一日我們可以加入死亡的權利。人權之父洛克（John Locke）最初講的也只是三項基本權利：生命、自由和財產，連投票權也沒有；但在《人權宣言》中，我們不但有投票權，還有醫療和教育的權利，權利不正是不斷地在增加嗎？

決定人權具體內容的一個重要因素就是證立人權的理據，不同的理據可以導致不同的人權內容。就以洛克為例，洛克認為基本權利是上帝所賦予的，目的就是為了讓我們履行義務，這些基本權利是不可轉讓的，也不可以放棄，在這個意義下，生命權利跟死亡權利是有衝突的。而在《人權宣言》中，人權的根據不再是上帝，而是人的尊嚴。拿掉了宗教的背景，純粹根據「權利」的定義，那麼我擁有生命權利，其他人就有義務不傷害我的生命，但我並沒有義務不傷害自己的生命，這樣就跟死亡權利沒有衝突。我認為作為人權的根據，「尊嚴」比「上帝」較好，因為第一，非基督教人士也會接受；第二，在基督教的人權版本中，權利變成了義務，那真的是權利嗎？

如果人真的有死亡的權利，那麼是否任何自殺都是道德上容許的呢？當然，自殺式襲擊仍然是錯誤的，因為它傷害無辜人的生命。即使是贊成自殺的哲學家也不認為人在任何情況下都可自殺。在西方哲學史上，有一個學派是贊成自殺的，那就是斯多亞學派，這個學派在亞里士多德之後興起，延續了差不多六個世紀，而這個學派的哲學家有很多都是自殺而死的，例如塞內卡（Lucius Annaeus Seneca）、德謨先尼斯（Demosthenes）、凱瑟斯

(Cassius)、漢尼拔 (Hannibal) 等等 。塞內卡是斯多亞學派的代表人物，他的《道德書信》(*Moral letters to Lucilius*) 中有一篇是討論自殺的，他認為人雖然飽受命運的作弄，身不由己，但卻有選擇死亡的自由，他指出生命的質素比生命本身更重要，如果生命的質素太低，客觀上不值得我們活下去的話，人就有自由選擇自殺，例如患了重病，或是被敵人折磨。斯多亞學派的另一個代表人物愛比克泰德 (Epictetus) 用了一個比喻説明自殺的合理性，他説：「如果房間內有煙，只是少量的話，則我們仍然可以留在房間；但如果煙太多，我們就可以走開。」生命也一樣，如果痛苦大到不能忍受時，就是放棄生命的時候。

除了斯多亞學派之外，另一個贊成自殺的哲學家是十八世紀的休姆 (David Hume)。休姆主要針對基督教反對自殺的立場作出批評，在〈論自殺〉一文中他回應了阿奎那反對自殺的論證。休姆認為，上帝創造了這個世界之後就不再管人間的事，上帝訂立了自然定律讓世間運作，也給予人自由意志，由人自己作決定，即使上帝賦予我們在世的職責，但當人生活在痛苦和悲慘之中，那不就是上帝召回我們的時候嗎？

上一節我們提出了反對自殺的「責任論證」，跟「死亡權利」有着明顯的衝突。我認為即使同意人生在世有着各種的責任，但當人身處極端痛苦的狀態，並且不可逆轉時，就可免除種種責任，試想一個只能躺在牀上，忍受着痛苦的末期病患者，還有甚麼責任可言呢？相反，他可能會認為自己應該自殺，免去家人的痛苦和資源的浪費。

反對 VS 贊成

自殺不道德	反駁
由於人的生命是上帝的資產，人不可以損害自己的生命	上帝應好好照顧他的資產，當生命成為負擔時，就是要放棄的時候
生命權利包括自己不可傷害自己的生命	這是義務，不是權利
人生有着種種的責任，自殺就是不負責任	當生命成為負累時，就可免除這些責任

總結

根據香港撒瑪利亞防止自殺會的公布，2019 年全港總共有九百九十三宗自殺個案，較前年多三十八宗，每一萬人中有 1.3 人自殺身亡，平均每天就有 2.7 人自殺而死，其中六十歲以上羣組的自殺率最高，我猜想這主要跟年老患病有關，值得關注的是有一宗十歲以下的自殺個案，可見自殺有年輕化的趨勢，現在連小學生也感受到很大的壓力。根據這個報告，有一半以上的人選擇墮樓結束生命，其次就是上吊，約佔 20%，然後是燒炭，其他的還有投海和服毒。從自殺的方法來看，似乎科技的進步並沒有對自殺產生很大的影響，假如有人發明了一部自殺的機器，只需按鈕，人很快就會無痛苦地死去，那會否令自殺率大升呢？

雖然不清楚每個自殺者的動機，但可以相信的是，大部分自殺的人都以為自己到了絕境。不過，以為自己到了絕境只是主觀的心

態，客觀上並非如此，特別是年青人比較感性，加上認知能力不高，遇到挫折就很容易以為已到了「絕境」。從理性的角度看，這些都只是人生的挫折，沒有甚麼大不了要死；但我們可別看輕自殺的人，也許有些是一時衝動，亦有更多是思前想後才作出決定。然而，他們的所思所想都主要是為了自己，自殺者多是自我中心，越是自我中心的人，就越重視自己的利益、感受和他人的評價，人生的挫折對他們來說可是天大的事。也別以為只有失敗者才會自殺，有些菁英分子在其小圈子表現不理想，也會接受不了而輕生。由此可見，預防自殺的一個方法就是改變自我中心的價值觀；此外，其實很多自殺者並非真的到了絕路，可以用理性幫他們分析出路，給予希望。

在第二節我們討論自殺的合理性，可以將合乎理性的自殺稱為「理性自殺」。當事人通過理性的思考，考慮了各種可能性，包括對他人的影響，發現若不自殺的話，整體的生命質素將會差到難以忍受。理性自殺者若能考慮其行為對他人的影響，那就不是純粹為己，也可能有利他的成分。

理 性 自 殺

理性自殺	整體的生命質素差到難以忍受
	考慮其行為對他人的影響
	有充分的時間審視自己的決定

關鍵字再思考　　殉道式自殺　訴諸自然的謬誤　死亡權利

羅斯科是美國抽象表現主義的代表人物，顧名思義，那就是用抽象畫的形式來表現人心靈底處的情感，不同於波洛克的「行動繪畫」，羅斯科屬於「色域繪畫」，其特色是大塊色面之間的界線朦朧融和。在這張畫中，我們看到兩個茶褐色的長方形，浮現在紅色的框框上，引導觀者進入「無限」的體驗，畫成為了觀照心靈的鏡子。由於羅斯科長期受病痛和憂鬱所折磨，加上婚姻失敗，最後以自殺結束生命。

《無題》(1958)

作者：羅斯科
原作物料：油彩
尺寸：267 x 137 cm
現存：川村紀念美術館

3

墮胎

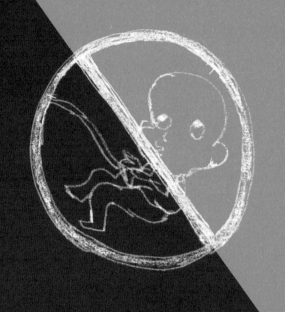

「如果胎兒是人，每年就有上千萬的人被謀殺」

墮胎的問題自古已有，現在由於科技的進步，令墮胎手術變得更快捷方便和安全，所以墮胎的數量也比以前大大增加。但在某些天主教國家，墮胎卻是嚴格禁止的，即使是因姦成孕也不可以，因為天主教相信，胎兒宿有靈魂，墮胎就是殺人。相反，在某些唯物主義的國家，墮胎並不是社會問題，反而是控制人口的方法，有人甚至是被迫墮胎，唯物論者根本不承認靈魂的存在，未出生的胎兒並不算是人。為方便討論，我將墮胎定義為自願終止懷孕，那麼強迫終止懷孕就不在討論範圍之內。強迫終止懷孕是違反母親的意願，明顯是不道德的，除非有非常特殊的原因，否則根本不需要討論。

有人認為，墮胎跟自殺一樣，都是生命權和自由權的衝突，不同的是後者是個人生命權和自由權的衝突，而前者則是胎兒生命權和母親自由權的衝突。在美國，一般將反對墮胎的一方稱為保守派，保守派支持生命，認為墮胎就是殺人，所以墮胎在道德上是錯誤的。而贊成墮胎的一方則稱為自由派，因為他們支持婦女有自由選擇的權利，反對墮胎正是侵犯婦女的自由權利。當然，自由派通常都不認同胎兒是人，也沒有生命權利。保守派認為，如果不想生小孩，就應該做好避孕的工作，不小心懷孕就得負上責任。但自由派指出，懷孕對婦女有很大的影響，特別是工作和事業，如果不讓她們有權決定何時有小孩或有幾個小孩，就對她們不公平。對於一些未成熟的人來說，勉強將孩子生下來並不是好事，因為這些不受歡迎的孩子得不到良好的照顧，長大之後很可能對社會構成負擔。還有，如果不讓婦女有合法墮胎的權利，她們多數會在黑市進行手術，這樣就危及生命或健康。然而，保守派會反駁說，那也沒有必要殺死胎兒，可以先讓他們出生，然後送到孤兒院待人領養。

墮胎在道德上是否容許，主要取決於我們如何回答這兩個問題：胎兒是否是人？胎兒有沒有生命權利？

容許墮胎的程度

墮胎是否容許？	例子	
不容許墮胎	伊拉克（基於宗教原因）	不容許 ↑
基本上不容許墮胎，除非胎兒威脅母親的生命	巴西（基於宗教原因）	
若懷孕會危害婦女的身體或精神健康，則容許墮胎，其他禁止	香港（基於保護婦女）	
基本上容許墮胎，但在妊娠期設限	德國（基於婦女的自主權）規定在懷孕十二週內，無需任何理由都可墮胎	容許 ↓

胎兒是人嗎？

每年全球有數以千萬計的墮胎事件發生，單是中國內地，每年就有約一千萬宗墮胎案例，英國有二十萬宗墮胎案例，而美國則超過一百萬。如果胎兒是人的話，那就表示每年有數千萬人被謀殺，的確是一個驚人的數字，墮胎是否合乎道德的其中一個爭議就在於胎兒是不是人。

正如前面所説，反對墮胎的一個主要理由正是胎兒是人，墮胎即是殺人，因此墮胎在道德上是錯誤的。但支持墮胎的人通常都不會認同胎兒是人，所以墮胎不是殺人，胎兒只不過是母體的一部分，由於人對自己的身體有自主權，墮胎不過是女性行使她的權利，因此墮胎在道德上是容許的。反過來説，阻止墮胎就是違反

人的權利，在道德上是錯誤的。但胎兒只是母體的一部分？他的地位真的等同於身體的細胞組織嗎？

美國三藩市州立大學女哲學教授華倫（Mary Warren）正認為如此，她在〈有關墮胎的道德和法律地位〉一文中，指出「人」是有歧義的，胎兒只是生物學意義上的人（human），因為他擁有屬於人的遺傳因子；但並非道德意義下的人（person），不是道德主體。當我們說「殺人是不道德」時，這個「人」是指道德主體。那麼，具有甚麼條件才能成為道德主體呢？華倫提出五個標準：1. 感知能力；2. 思考能力；3. 自我意識；4. 自我控制；5. 溝通能力。我們需要學習，才能發展出這些能力，「成為人」其實是一個社會化的過程。很明顯，根據以上的標準，胎兒並不是道德主體，因為他至少不具備思考能力和自我意識。然而，莫說胎兒不是「人」，就連初生嬰兒、昏迷的病人、嚴重弱智人士等都不算是「人」，但殺害他們也是道德上容許嗎？即使胎兒不是人，也不表示墮胎在道德上是容許的；正如狗不是人，但也不見得奪取狗的生命就一定合乎道德。

雖然華倫的理論不成立，但她提出的五個標準，可以作為判斷某事物道德地位的依據，但我認為應加多一項，那就是理解甚麼是義務，能作道德的判斷。一個事物越具有這些性質，就越具有道德地位。例如一個正常的成年人，就是一個道德主體，具有最高的道德地位；但一塊石頭，很明顯是毫無道德地位。有些高智慧的動物，如黑猩猩和海豚，道德地位應高於其他動物，因為牠們具有自我意識；但思考能力低於人類，也沒有人類的道德意識，

所以道德地位低於人。即使胎兒未算是道德主體，但也有一定程度的道德地位，況且他會成長為「人」，故道德地位應高於其他動物。我們也可以想像外太空存在一些跟人類相似的高智慧生物，也可享有最高的道德地位。

道 德 地 位

	100%	道德主體，如人類，或有高智慧的外星人
		胎兒
道德地位		高智慧動物
		其他動物
	0%	物件，如石頭

對於胎兒是不是人的爭論，我們還可以這樣看，就是究竟胎兒在哪個階段才算是人呢？由受孕至出生，是一個連續的發展過程，其中有六個主要階段：1. 懷孕開始：受精卵；2. 第二週：胚胎成功着牀；3. 第六週：器官開始形成；4. 第八週：胎兒有腦部活動，能辨認手指和腳趾；5. 第二十八週：胎兒移出母體後可以存活；6. 第四十週：出生，能自行呼吸及吮食。有人將出生定為人的分界線，但出生的一刻真的那麼具有決定性嗎？出生前兩個月的胎兒跟初生嬰兒的差別其實不大。有人主張只要胎兒移出子宮後能夠存活就算是人，但胎兒能否存活主要取決於當時的科技，說不定將來科技進步，三個月的胎兒也可以在母體之外存活，以此為標準似乎有點任意。有人認為第八週胎兒已有腦部活動，這就是生命的開始，因為目前我們是用腦死來界定死亡，根據這個標準，受孕第八週之後的墮胎就是不道德，第八週之前的墮胎則是道德上容許。

目前美國的法例規定，六個月以後的胎兒由於能夠在母體外存活，所以擁有生存權利，墮胎是不容許的，除非胎兒威脅母親的生命，至於六個月之前，則各州有不同的規定。而在德國，三個月的胎兒就已受法律保障（因為胎兒已能感受痛苦和快樂）；換言之，三個月之後墮胎是不合法的。

從大部分宗教的角度看，靈魂才是人的本質，人生命的開始也就是靈魂入胎之時，但究竟靈魂何時進入呢？原本基督教（這是廣義的基督教，包括天主教）有「胎動」之說，即母親感到胎兒的移動，這表示胎兒已宿有靈魂；不過，胎動的時間因人而異，最早出現是懷孕後第八週，平均是懷孕後第十八週。但在 1869 年，教宗庇護九世規定了受精卵已有靈魂，自始就成為了天主教的官方立場，而佛教也普遍認為受精的一刻就是靈魂入胎之時。我也相信靈魂的存在，但對靈魂入胎就在受精的一刻有所懷疑，其中一個理由是多胞胎的問題，多胞胎的成因是受精卵約在三星期後分裂成兩個或多個胚胎，又假設靈魂不會分裂為多個，所以我相信靈魂入胎不會在受精的時候。中國人有一個傳統，就是懷孕未滿三個月不會告知他人，因為這段時間內滑胎的機會很大，三個月之後才算是穩定。我推測靈魂入胎的時間約為懷孕後第九週，這時胎兒已經成型，投胎其實是一個冒險的過程，所以要保證胎兒穩定，靈魂才會放心進入。換言之，懷孕兩個月之後的墮胎是不道德的，因為肉體被殺害，靈魂會感到極大的痛苦。

不過，靈魂存在之說，在今日崇尚科學的年代卻備受質疑，雖然沒有充分的經驗證據證明靈魂存在，但若由此推論出靈魂不存

在，則犯了訴諸無知的謬誤。相信靈魂存在也不是毫無根據，在這裏我只提出一個簡單的論證，姑且稱為「聖人論證」，在人類的歷史中，有四個公認最有智慧的聖者，分別是蘇格拉底、佛陀、孔子和耶穌，除了孔子之外，其餘三人都斷言靈魂的存在，由於他們都說了很多有智慧和指導性的話，根據歸納法，他們斷言靈魂存在和有關的法則也是可信的。孔子對於鬼神和死後世界只是存而不論，他不想談論這些神秘的東西，將人生的重點放在現世的努力上面。

當然，這並不表示聖人就不會出錯，但我認為在這些重要的課題上，聖人是不會說謊的，也不會順口開河。我相信他們具有特殊的能力，知道這方面的真相。打個比喻，盲人應該相信正常人的勸告，因為正常人看到現實的世界；同理，我們也應該相信這些大智慧者的話。試想想，佛陀說法多年都是在欺騙大家嗎？他有甚麼得益呢？耶穌為了傳道而不惜犧牲生命，也是在弄虛作假嗎？蘇格拉底在臨死前還給學生和朋友講解靈魂轉世的意義，這個自稱無知的人為甚麼會說得那麼肯定呢？

生命權 VS 自主權

有些反對墮胎的人認為，受精卵和胚胎雖然不算是人，卻是潛在的人，也應擁有生命權利，例如美國堪薩斯大學哲學教授馬桂思（Don Marquis）就持這個觀點。在〈墮胎是錯誤的一個論證〉一

文，馬桂思認為，殺害人之所以在道德上是錯誤，並不在於為他帶來痛苦，而是剝奪了他的「將來」，一個有價值的將來，墮胎就是剝奪了胎兒有價值的將來，我們大家都會明白這一點，因為我們曾經都是胎兒。但華倫認為，潛在的人不應擁有人的權利，正如一位候任總統，也不應享有總統的權利，即使他將會成為總統。不過，如果我們認為總統是重要的話，也會盡力保護候任總統；同理，如果我們認為人的生命是重要的話，也應盡量保護潛在的人的生命，而最佳的保護就是賦予生命權利。比如說孕婦受到襲擊，傷害了胎兒，我想大部分人都會同意可以控告施襲者傷害胎兒罪，根據我們的常識，胎兒的生命應受到保護。2004年，美國國會通過《未出生暴力受害者法例》（*Unborn Victims of Violence Act of 2004*），若襲擊孕婦導致胎兒受傷害，可以加控傷害胎兒罪，胎兒的生命權利受到法律的保障。

但問題是，受精卵也享有生命權利嗎？其實有一半以上的受精卵都會自然死亡，我們是否有責任拯救這些受精卵呢？還有，體外受精的人工生殖方法也會遺棄多餘的受精卵，如果受精卵已享有生命權利的話，這種生殖方法就是不道德的。事實上，我們根本沒有能力保護數量龐大的受精卵，我認為受精卵至早要在「着牀」後才能享有生命權利。受精卵就好像種子，種子要落在泥土上才能生長；同理，受精卵着牀之後才可以吸取母體的養分，繼續成長。

雖然胎兒享有生命權利，但權利並不是絕對的，哪怕是基本權利。因為若權利是絕對的話，我們就不能解決權利衝突的問題。當兩個權利有衝突時，我們就需要判斷何者有優先性。美國麻省

理工學院的女哲學教授湯姆森（Judith Thomson）在〈為墮胎辯護〉一文中主張，即使胎兒是人，擁有生命權利，但懷孕女性並沒有義務讓胎兒佔用她的身體，或把他生下來。如果女性願意將這樣做，那當然是好事，但終止懷孕只是女性行使對自己身體的自主權，並沒有傷害胎兒的生命權，因為生命權只屬消極權利，不是積極權利。

消極權利 VS 積極權利

一般來說，權利是指消極權利，是否包含積極權利則視乎該權利而定，也常有爭議性，但有些權利若不包含積極權利則沒有意思，例如教育權利。

消極權利	所有人有義務不做某些事
例子	生命權利（消極）：所有人有義務不傷害他人的生命
積極權利	有人有義務做某些事
例子	生命權利（積極）：有人有義務拯救他人的生命

湯姆森提出了一個類比論證來支持她的立場，比喻是這樣的，有一位很出色小提琴家，需要你的腎臟過濾他的血液來維持生命，於是這個小提琴家的忠實擁護者綁架了你，未得到你的同意，就用輸血管將你的身體跟小提琴家連在一起，只需九個月小提琴家就能康復，你亦可以重獲自由，但你有義務這樣做嗎？如果你將輸血管拔掉，小提琴家就會死去，這樣做在道德上容許嗎？湯姆森認為，我們只有消極的生命權利，雖然拔掉輸血管小提琴家會死，但你只是拒絕拯救他的生命，讓他死去，並沒有侵犯他的生命權利。

我認為湯姆森這個類比只適用於支持因姦受孕的墮胎，因為兩者都是不自願的，因姦受孕的婦女不需要為胎兒的生命負上責任，

正如你也不需要為小提琴家的生死負上責任。但其他情況的墮胎就不一樣,因為當事人是自願進行性行為,也明知會有懷孕的風險,所以對胎兒要負上一定的責任,女性的自主權未必可以凌駕胎兒的生命權。湯姆森類比的另一個問題是,小提琴家對你來說是陌生人,但在懷孕這件事上,胎兒和懷孕女性卻有着血緣上的關係。還有,說墮胎沒有違反胎兒的(消極)生命權利亦不成立,因為墮胎明顯地將胎兒殺掉。

除了因姦受孕之外,一般認為當胎兒威脅母親的生命時,墮胎在道德上也是容許的。天主教雖然反對因姦受孕的墮胎,但接受胎兒威脅母親生命這種情況的墮胎,就好像自衛殺人一樣。不過,亦有人反對在這種情況下進行墮胎,因為胎兒是無辜的,他並沒有傷害母親的意圖,跟自衛殺人不同,當兩個生命權利有衝突時,為甚麼就一定要放棄胎兒的生命呢?有人甚至認為,當胎兒威脅母親的生命時,而我們又只可以選擇拯救其中一個的話,那就要犧牲母親,因為母親有責任照顧胎兒。但我反對這種說法,犧牲生命不可能是責任,它是超乎義務之上,那只是當事人的自由選擇。我認為當胎兒威脅母親的生命,墮胎是容許的,因為女性的生存權加上自主權,就會大於胎兒的生命權及照顧胎兒的責任。至於因姦成孕,前面已經說過,女方是在不自願的情況之下懷孕,所以對胎兒並沒有責任,繼續懷孕亦只會加深她的痛苦,將來嬰兒也很有可能得不到妥善的照顧,在這種情形下,女性的自主權大於胎兒的生命權,墮胎也是容許的。

贊成墮胎的主要論據正是女性的自主權,目前大部分國家都是傾向支持女性的自主權,比較少重視胎兒的生命權。例如在香港只

要有兩位醫生簽字證明，若不進行墮胎，就會對孕婦的身心造成極大的傷害，或很有可能產生身心不健全的嬰兒（例如患了唐氏綜合症），墮胎就可合法地進行。雖然不致於任意墮胎，但墮胎幾乎是半合法化，也容易被濫用。而一般人進行墮胎，主要考慮的是手術是否安全，比較少理會是否合法（即使香港不容許，也可以到深圳進行墮胎手術），更遑論胎兒的生命權利。因姦成孕、當事人未成年、因亂倫成孕、胎兒威脅母親的生命，及胎兒有嚴重缺憾等情況，一般都認為墮胎是道德上容許的，也是合理的選擇；然而，事實上它們加起來都不及墮胎總數的十分之一，大部分墮胎的真正目的只是為了逃避做父母的責任。

合理性的墮胎

以下是一般容許墮胎的情況及其理由。

容許墮胎	情況	理由
	因姦受孕	不自願懷孕
	胎兒威脅母親的生命	自衛
	胎兒有嚴重的缺憾	生命質素太低，家庭承擔力不夠

女性主義、功利主義及康德倫理學

自由派認為不可以強迫人生孩子，女性有墮胎的權利，但部分女性主義者則視這種權利為對抗父權社會的「武器」。在一個兩性

不平等的社會，女性往往要順從男性的要求而進行性行為，如果不小心懷孕，女性又是主要的受害者，很多未婚媽媽都是這樣產生的。女性主義者雪文（Susan Sherwin）認為，懷孕對於女性來說，無論在生理、心理、經濟方面都要負上很大的代價，所以女性應該有權決定要不要懷孕，及何時懷孕，其他人無權干涉。有人甚至認為，反對墮胎是父權制度對女性的壓迫，維護着男性的既得利益，因為女性要懷孕和照顧子女的話，（一般來說）她的工作表現就會低於跟她能力相若的男性，從這個角度看，墮胎權也正是解放婦女的權利。女性主義者艾倫（Jeffner Allen）在〈母職：女人的毀滅〉一文中指出，母職是男性利用女性身體進行父權再生產的工具，她主張女性從母職中解放出來，拒絕當母親，不要生小孩。但亦有女性主義者反對這種主張，生殖其實是女性的獨特經驗，否定母職會令女性喪失了獨特性，這樣反而對女性不利。

吉利根（Carol Gilligan）在《不同的聲音》（*In a Different Voice*）一書中指出，男女有着不同的思維模式，所產生的道德觀念也有顯著的分別。男性的思考模式導致「正義倫理」，重視的是抽象的理性思考，涉及權利和公正等普遍性的觀念；而女性的思考模式產生「關懷倫理」，重視的是具體情感和情境的特殊性。吉利根認為，西方倫理學屬於男性的思維，這種「正義倫理」容易導致人和人的分離和衝突，對人缺乏關懷和同情；而她主張的「關懷倫理」則可以補救這種缺失。從這個角度看，墮胎權背後隱藏了男性的價值觀，而墮胎不但是對母職的否定，也破壞了關懷倫理。

有人認為，在墮胎的議題上，我們一直忽視了男性的權利，比如說如果女方決定墮胎的話，男方好像沒有反對的權利。當然，我們也可以說，在懷孕這件事上，女性通常是主要後果的承擔者，所以應有較大的權利，反而男性應該負上更大的責任，因為生理上男性的性需求比女性強烈，所以很多時都是女性順從男性的要求而進行性行為，導致懷孕。

以上我們主要從權利的角度來討論墮胎的問題，現在不妨轉換一下觀點，由功利主義和康德倫理學的立場探討這個問題。當我們將功利原則應用到墮胎的問題上，就要根據個別情況作出快樂和痛苦的計算，若快樂大於痛苦，墮胎就是對的；若痛苦大於快樂，墮胎就是錯的。事實上，功利主義幾乎可用來證立所有的墮胎個案，因為無論在質或量上講，母親的快樂和痛苦都大於胎兒。

不過，如果我們將胎兒將來可能的快樂也計算在內的話，情況又有所不同，但有人認為我們仍可用功利主義來證立之前所講的合理性墮胎，如因姦受孕、未成年懷孕、因亂倫懷孕、胎兒威脅母親的生命、胎兒有嚴重缺憾等情況的墮胎；也可以證立另一些有爭議性的墮胎，例如家庭已經有太多子女，不能再照顧多一個，或者經濟有困難的家庭。因為這些不受歡迎的胎兒，即使出生，也不會得到很好的照顧；但問題是，我們真的可以預測到一個人的將來嗎？除了胎兒有嚴重缺憾這種情況之外，其他都是很難預測的。

將康德倫理學應用於墮胎的問題上，關鍵就在於胎兒是否是人，若胎兒不是人，我們對他就沒有任何義務，墮胎在道德上並沒有錯。究竟康德如何看待胎兒的道德地位呢？雖然康德認為胎兒不

算是理性的存在，但具備了人性的尊嚴和自由，那就是來自他的
父母，因為父母是在自由的條件下結合為夫婦，自願性行為所產
生的胎兒也就有尊嚴和自由。至於那些沒有婚姻關係產生的胎兒
則沒有尊嚴和自由，其實殺害初生嬰兒的情況在十八世紀十分普
遍，主要原因是僱主性侵犯女僕生下私生子女所致。

不同倫理學在墮胎上的立場

功利主義	如果整體快樂大於痛苦，墮胎是應該的
康德倫理學	如果胎兒是人，墮胎就是不道德
自由主義	如果胎兒擁有生命權利，那就是生命權和自由權的衝突，可用不傷害原則及公共利益來判斷何者有優先性
女性主義	懷孕是對女性的束縛，墮胎是行使婦女的自主權，免受父權的宰制

當然，今天已沒有人會接受康德那種論證，就是胎兒的尊嚴來自
合法的婚姻。但我認為可用普遍律則來證明墮胎是不道德的，就
是沒有人真的願意在胎兒時期就被打掉，所以墮胎這個行為不可
以普遍化；換言之，我們有義務不墮胎。但康德倫理學有一個主
要的問題，那就是將義務看成是絕對，毫無例外；所以如果墮胎
是不道德的話，就連因姦成孕，胎兒威脅母親生命的情況都不可
以墮胎。還有，當每個義務都是絕對的話，就不能解決義務之間
衝突的問題。

總結

墮胎是一個十分棘手的問題,因為它涉及幾個相關的層面,每個都有爭議性,就以「胎兒是否是人?」為例,表面上是一個概念問題,或只是定義的問題,但不同定義背後卻有着我們的喜好、情感和價值。還有,如果胎兒是人,但哪一個階段才是人呢?這又是一連串的爭論。即使同意胎兒是人,你仍可以爭論墮胎是合理的,因為母親的自主權大於胎兒的生命權;但另一方面,就算胎兒不是人,你也可爭論墮胎是不道德的,因為作為潛在的人,胎兒還是有不容剝奪的生命權利。在美國,墮胎問題常常演變為政治的爭議,在 1994 和 1998 年的美國選舉期間,墮胎應否合法就有明顯的政治立場,民主黨支持女性的自主權,而共和黨則支持胎兒的生命權。此外,受精卵是否是人還涉及人工生殖和幹細胞研究的道德爭議,第六和第七章會討論。

美國墮胎法例事件簿

1973 年	最高法院判定在胎兒能獨立生存之前,婦女擁有墮胎的權利
1992 年	最高法院容許各州自行制定限制墮胎的條例,例如未成年人士墮胎前要通知或得到父母的同意
2003 年	美國國會通過《禁止後期墮胎法案》(*Partial-Birth Abortion Ban Act*),禁止給六個月以上的胎兒進行墮胎手術
2022 年	美國最高法院判定憲法並沒有賦予墮胎的權利,各州可以自行立法處理墮胎問題

宗教是反對墮胎的一個主要力量,像巴西和墨西哥等天主教國家的法律仍然禁止墮胎,除非胎兒威脅母親的生命,本來愛爾蘭也

是這樣，但2017年經公投確立了女性墮胎的權利。宗教反對墮胎的理由是胎兒已宿有人的靈魂，關鍵是靈魂何時進入胎兒，正如前面所講，我相信這大概發生在懷孕的第九週，之前墮胎是破壞了一次投胎的機會，而之後墮胎就是殺害了一個人。所以，決定墮胎之前最好再考慮一下，一個靈魂將他此生的成長託付於你，你是否真的要拒絕這個任務呢？

從這個角度看，懷孕九週之後的胎兒應擁有生命權利，而我認為權利的依據就在於康德所講的尊嚴。不過，生命權利並非絕對，在某些情況下，如因姦成孕、胎兒威脅母親生命、胎兒有嚴重的缺憾，母親的自主權應該受到尊重，康德所講的義務絕對性並不適用於我們這個經驗世界。此外，也許提倡關懷倫理有助緩和生命權和自主權的對立。

關鍵字再思考　　胎兒是否是人　生命權利　消極權利　積極權利　女性的自主權

這是太太懷孕時我所作的畫，畫中胎兒正是女兒的超聲波圖像。由於沒有計劃生小孩，這個「不速之客」弄得我們手忙腳亂，也引起我思考「生死」的問題，而這張畫可以說是表達我對於生死的看法，我們不是無緣無故來到這個世界的，跟存在主義認為「人是被拋擲到這個世界」的想法不同，我認為在投生前，孩子跟母親已有着很深的聯繫，懷孕是一種託付。

《生死相續》(2013)

作者：梁光耀
原作物料：油彩
尺寸：122 x 152 cm

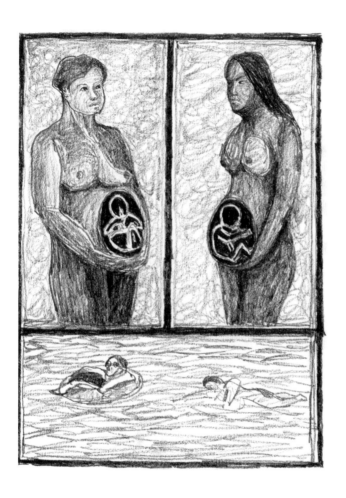

4

安樂死

「動物患了絕症，我們會人道毀滅，為甚麼人卻不可以呢？」

按字面解，「安樂死」的意思是死得安樂，即沒有痛苦及遺憾地死去，俗語所謂「好死」。記得小時候爸爸常常說「好死」就是在睡眠中死去，既沒有痛苦，也意識不到死亡的來臨；不過，如果尚有未完成的心願，或來不及交代身後事就死去的話，難免也有遺憾。

「安樂死」翻譯自英文的 euthanasia，希臘文的原意是美好的死亡，現在「安樂死」針對的是患了不治之症的病人，令他們免受不必要的痛苦，安詳地死去，通常是由醫生來執行。但不治之症除了絕症（短期內會因病致死），是否也包括那些不會在短期內因病而死，卻要承受極大痛苦（包括心靈痛苦）的疾病呢？例如全身癱瘓。在美國有死亡醫生之稱的傑克‧凱沃基安（Jack Kevorkian）就曾為多人進行了安樂死，但當中有很多並不是患上致死的疾病，例如有一個病人只是患了末期老人痴呆症，凱沃基安應其丈夫的要求，為她進行了安樂死。

香港電台節目《鏗鏘集》於 1986 年製作了一個有關「安樂死」的特輯，可以説是香港史上第一個探討安樂死的時事節目，節目以一個垂死的昏迷病人開始，他的弟弟不忍心兄長繼續受苦，於是拔除了呼吸器，讓他自然地死亡，後來這位弟弟被控告謀殺，但最後獲判無罪釋放，理由是無法證明病人當時是否已經腦死亡。節目也採訪了幾個要求安樂死的病人，及詢問了醫生、律師、牧師、神父及和尚對安樂死的看法，全部都是反對安樂死的。不過，安樂死其實有着不同的種類，贊成或反對某種安樂死的理由未必適用於另一種安樂死；所以，要討論安樂死的問題，就先要區分不同種類的安樂死。

安樂死的種類

根據病者的意願，我們可以將安樂死可分為三種，那就是自願安樂死、非自願安樂死和不自願安樂死。自願即是當事人主動要求安樂死，例如節目中就有一患上末期癌症的病人，多次請求醫生給她打針結束生命。非自願則是當事人無法表達自己的意願，節目中就提到有嚴重先天缺憾的嬰兒，以致智能上或行動上都十分差，會給家庭帶來沉重的負擔，安樂死的要求是由他們的父母提出來的。除此之外，還有嚴重智障的病人，及處於植物人狀態的永久昏迷者，他們都無法表達自己的意願，也屬於非自願安樂死的類別。不自願即是當事人不想死，例如當年德國納粹黨就以「安樂死」之名，殺害了很多患上絕症或嚴重殘障人士，後來還引申到同性戀者和猶太人。根據使用的方法，安樂死又可以分為兩種，主動安樂死和被動安樂死，主動的意思是指醫護人士採取行動直接終止病人的生命，例如給病人施打毒針，或餵食毒藥；被動的意思是指醫護人士給病人解除維生系統，例如移去呼吸器，或病發時不作施救，讓他們自然地死去。如果我們將兩種分類法相配，就可以得出六種不同種類的安樂死。

節目中要求安樂死的案例

	病人	嚴重性	安樂死歸類
第一位	處於昏迷狀態	垂死	非自願被動安樂死
第二位	患了癌症	絕症	自願主動安樂死
第三位	患了癌症，依靠呼吸器生存	絕症	自願被動安樂死
第四位	有先天缺憾的嬰兒，有些要依靠維生儀器	重病	非自願被動安樂死 / 非自願主動安樂死
第五位	下身癱瘓	重病	自願主動安樂死

先講不自願安樂死，無論是主動或被動，都是不道德的，因為它
違反了病人的意願，侵犯了病人的自主權，即使被殺的是患了
絕症或垂死的病人。不過，根據功利主義，只要整體快樂大於痛
苦，即使是不自願安樂死也可以合乎道德，看來在這一點上，功
利主義是違反了我們的道德直覺。至於非自願安樂死，關鍵在於
我們是否接受家屬可代病人作出安樂死的決定，但如果家屬之間
有不同的意見又如何呢？美國有一個這樣的案例，特麗‧夏沃
(Terri Schiavo) 由於腦部受到重創，變成了植物人，她的丈夫要
求解除維生系統，讓她自然地死亡；但其父母卻反對，雙方為此
訴諸法律，展開了長達十五年的訴訟。一般來說，我們會接受被
動安樂死，因為通常病人處於垂死的邊緣，要依靠呼吸器為生，
這不過是移除維生裝置，讓病人自然地死亡，不用無意義地延長
其生命。至於主動安樂死，爭議性是最大的，因為這等於蓄意殺
人。某個意義下，非自願主動安樂死又較自願主動安樂死有更多
爭議性，因為至少自願主動安樂死是符合病人的意願，非自願安
樂死則有可能違反病人的自主權。

六種安樂死

方法 ＼ 意願	自願	非自願	不自願
主動	有爭議性	有爭議性	不道德
被動	被社會接受	被社會接受	不道德

另外，病情的嚴重性也會影響安樂死的合理性，簡單來說，病情越嚴重，安樂死的爭議性也越少，大致上我將病情分為三種，第一種是垂死，節目中第一位病人就是處於這種狀態。第二種是患了絕症，短期內會死亡，節目中有一位患了癌症的病人就要求醫生給予人道毀滅。第三種是重病，雖然病不足以致死，但病人要承受身心上極大的痛苦，節目中就有一位下身癱瘓的病人，寫信給當時的港督要求安樂死。

雖然在自願安樂死的情況中，病人表達了想死的決心，但需要醫生代勞。我們可以增加病人的自主性，先由醫護人員安排好一切，然後由病人自己來執行，比如說由病人來按鈕注射毒針，或病人自行服食預備好的毒藥。這樣做有一個好處，就是病人可以在最後關頭改變自己的決定，而醫護人員也可免去「殺人」的指摘，一般稱為「協助自殺」，可以視為自願主動安樂死的特例；但有人認為這有別於安樂死，應該獨立出來。為了方便區別，我們可以稱自願主動安樂死為「積極協助死亡」，自願被動安樂死為「間接協助死亡」，加上「協助自殺」，就有三種自願安樂死。

正如上面所講，主動安樂死是最有爭議性，是我們主要討論的課題。主動和被動安樂死的區分也受到質疑，有哲學家就認為，如

果被動安樂死是容許的話，主動安樂死也應該容許。此外，非自
願安樂死也有其問題，以下會逐一討論。

贊成 VS 反對

贊成自願主動安樂死通常有兩個主要理由，其中一個是「仁慈殺
人」。一般來說，殺人是不道德的，因為不但剝奪了被殺者的未
來，也為他的家人帶來痛苦，但殺死要求安樂死的病人卻不同，
不但符合病人的意願，也可以給病人及其家屬解除痛苦，助人離
開痛苦正是出於仁慈。

主張仁慈殺人的人通常會舉類似的例子，就是當事人處於垂死的
情況，並且要承受極大的痛苦，而早點幫他結束生命，免受不必
要的痛苦，那不正是仁慈的做法嗎？有時在電影我們也會看到這
樣的情節，在戰場上有士兵嚴重受傷，已經不能救治，正被痛苦
折磨着，他的同袍出於憐憫，就會給他一槍結束生命。想想我們
怎樣對待一些患了末期癌症，或是受了重傷，不能醫治的動物，
就是給予人道毀滅，免其受不必要的痛苦，這也是出於仁慈之
心，為甚麼不可以這樣對待人類，難道人類連動物也不如嗎？死
亡醫生凱沃基安正是出於仁慈之心，為消除病人的痛苦，先後給
一百多人進行了安樂死，並多次被告上法庭，最終在一次審訊被
判二級謀殺罪成。「仁慈殺人」背後的道德原則就是「仁慈」，當

然，基於仁慈並不一定要殺死絕症的病人，也可以盡量協助病者解除痛苦，完成人生最後的一個階段。另外，「仁慈殺人」也可以用來支持非自願的安樂死。

另一個贊成自願主動安樂死的理由就是人有「死亡權利」，但即使我們擁有死亡的權利，其他人只是有義務不阻止我們尋死，並沒有義務幫助我們死亡；所以，對於要求安樂死的病人來說，死亡權利必須是積極的，即是有人有義務要給病人結束生命。但這種積極的死亡權利就跟生命權利產生衝突，因為若我有生命權利，其他人就有義務不傷害我的生命。當然，權利不是絕對的，當兩個權利有衝突時，我們可用不傷害原則和公眾利益來判斷究竟哪一個有優先性。死亡權利也不是無條件的，當一個人處於這種生不如死的狀態之下，才有權選擇死亡，我認為死亡權利是來自人的自主性，這是人的尊嚴所在。近年興起的病人的自決權，就是強調病人有免受醫療系統操控的權利。將「仁慈殺人」和「死亡權利」這兩個理由合起來就會更加強，拒絕絕症病人有選擇死亡的權利是殘酷的。

反對安樂死的一個常見理由就是「生命至上」，人的生命當然有很重要的價值，在一般的情況下，我們應該盡量維持人的生命；但當人患了絕症，無法復元，或是只能躺在牀上的植物人，又是否要不惜一切來維持其生命呢？正如第一章所講，人的生命雖然有重要的價值，但也非至高無上，有時生命質素極低，可能就不值得再活下去。

有人認為安樂死會降低生命的價值，因為有些生命是不值得活，但誰擁有判定的權力呢？為了保障人的尊嚴，我們必須反對安樂死。有趣的是，尊嚴既可以用來支持安樂死，也有人用來反對安樂死。從康德的角度看，人本身就具有內在價值，若以消除痛苦為目的進行安樂死的話，就會將人視為純粹的手段，這就違反了尊重原則，因此安樂死是不道德的。但我們也可以這樣解釋康德的觀點，那些永久昏迷的病人喪失了人的資格，因為他們已經沒有理性和意識，人有內在價值或人是目的本身的根據就在於人有理性。

康德的定言律令

反對自願主動安樂死的另一個理由就是針對「自願」的不確定性，例如當病人受到藥物的影響或病痛的折磨時，他能否清醒地作出安樂死的決定呢？又例如病人可能受到社會和家人的壓力，「被迫」地選擇安樂死。後者帶出了安樂死會被濫用的問題，本來最初只有患上絕症的人才有資格進行安樂死，但慢慢就連那些患了重病的人也可以接受安樂死；一旦接受了自願安樂死，即是認定有些生命沒有價值，接着就會容許非自願的安樂死，最後就連不自願安樂死也被接納。在之前提到的港台節目中，那位律師

就認為安樂死會帶來兩個壞的後果，第一，一旦安樂死合法化，就會對合資格的病人構成壓力，為免負累家人和社會而要求安樂死；第二，家屬可能為了個人的利益（如不想照顧病人，或謀奪遺產），會遊說病人尋求安樂死。還有「誤診」的問題，如果被誤判為病情嚴重，以為沒有康復的機會而選擇了安樂死，那豈不是白白送掉了生命嗎？

不過，我認為以上的理由都不足以反對安樂死，當然，濫用和誤判的情況是存在的，但這只是技術性的問題，我們可以通過嚴謹的程序減少這些情況，比如說要多過一位醫生獨立地對病人作出診斷，確保病人在神智清醒時做決定，也給予冷靜期，容許更改決定等等。至於實行安樂死後會引致的不良後果，我認為說會導致不自願安樂死只是誇大其辭；針對其他不良的後果如降低生命的價值，及絕症病人會以安樂死為解脫的途徑，可以同時推行第一章講的臨終治療，以減少負面的影響。不過，亦有人認為同時推行安樂死和臨終治療在理念上是有衝突的。

其他反對安樂死的理由

反對安樂死的理由	回應
違反自然：求生是人的自然本能，自殺或自願安樂死都是有違自然律	「自然」的意思不清楚，當一個人身患絕症，承受極大痛苦時，求死也可以說是十分自然
上帝資產：人的生命屬於上帝，自殺或自願安樂死就是毀壞上帝的資產，只有上帝才能奪去人的生命	即使人的生命屬於上帝，人有責任好好管理上帝的資產，但當人的生命處於這種狀態，那就成為負資產，可以放棄

主動和被動安樂死的區分

1973 年，美國醫藥協會對安樂死的問題發表了一個宣言，意思大致是反對仁慈殺人，因為蓄意終結一個人的生命是違反醫護專業精神的；但對於那些無可救治，只能依靠維生系統的病人來說，則認為經其家屬同意，可移除維生裝置，讓其自然地死亡。這個主張正對應着主動安樂死和被動安樂死，即反對主動安樂死，接受被動安樂死，而這個主張也正好反映出一個普遍的觀點，就是殺人比讓人死去在道德上更差，主動安樂死是殺人，被動安樂死則是讓人死去。

美國哲學家拉塞斯（James Rachel）對這個道德上的差異提出了質疑，在〈主動和被動的安樂死〉一文，他指出無論在動機或後果上，主動安樂死和被動安樂死都沒有分別，我們都想結束病人的生命，並且病人都死了。如果被動安樂死在道德上容許，那麼，主動安樂死也應該容許。他更進一步指出，有時在被動安樂死的情況中，讓病人自然地死去需要一段時間，比起主動安樂死，病人要承受更多的痛苦，在這個意義下，主動安樂死比被動安樂死更合乎道德。

一般人之所以反對主動安樂死，但接受被動安樂死，主要原因是前者是殺人，後者只是不作為，讓人自然地死去。不過「殺人比讓人死去在道德上更差」只是一般原則，並不表示沒有例外，正如「殺人是不道德」也有例外，如「自衛殺人」和「戰爭殺人」。在安樂死中，殺人和讓人死去在道德上的差異會減少，因為對於

絕症病人來講，死亡是無可避免的，若考慮病人的利益，主動安樂死比被動安樂死反而更合乎道德，因為可以減少病人及其家人所受的痛苦。

不過，另一位哲學教授蘇利文（Thomas D. Sullivan）反對拉塞斯對主動安樂死和被動安樂死區分的攻擊，在〈主動和被動的安樂死：不當的區分？〉一文，他認為在被動安樂死中，我們的動機並不是要病人死亡，我們只是預見他的死亡，當醫生解除病人的維生系統時，他並不是蓄意地讓病人死亡，雖然他知道結果是病人會死亡。

拉塞斯和蘇利文的爭論涉及「意圖」的解釋，讓我們以著名的「電車事件」說明這個問題，假設你是電車司機，正駕駛着一列電車，突然間電車的煞車掣失靈，前面的車軌有五個人，眼看要撞向他們，幸好你可以轉向右面的車軌，但卻有一個人站在這裏；若你轉右的話，就會殺了一個人，若不轉右，則會讓五個人死去。本來你轉右是為了救人，但你明知會殺死另一個人，那你算不算有意圖殺人呢？要注意的是，不轉右並不是有意圖殺人，因為這是意外。根據雙重效果原則，雖然我知道轉右會殺了一個人，但其實我並沒有意圖殺人，所以不用為這個行為的後果負責。在照顧臨終病人時也會碰上這個問題，有時醫生為了給病人解除痛苦，會給予大量的止痛劑，但他也知道這個劑量很有可能會殺死病人，究竟他是否要為病人的死負責呢？

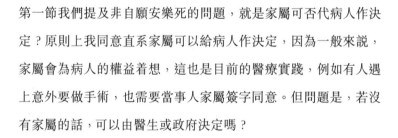

電車事件的倫理考慮

功利主義	應該轉右，因為後果上整體快樂大於痛苦
康德倫理學	不應該轉右，以殺人來救人是將人當成只是工具
殺人比讓人死去在道德上更差	不應該轉右，因為轉右是殺人，不轉右只是讓人死去
雙重效果原則	應該轉右，因為目的只是救人，並沒有殺人的意圖，不需為後果負責

非自願安樂死的問題

第一節我們提及非自願安樂死的問題，就是家屬可否代病人作決定？原則上我同意直系家屬可以給病人作決定，因為一般來說，家屬會為病人的權益着想，這也是目前的醫療實踐，例如有人遇上意外要做手術，也需要當事人家屬簽字同意。但問題是，若沒有家屬的話，可以由醫生或政府決定嗎？

現在讓我們討論非自願安樂死的其他問題，非自願安樂死可以分為兩類，一類是指永久昏迷的病人，亦即是植物人；另一類涉及的病人包括嬰兒、失智症病人、嚴重弱智及精神失常者。

永久昏迷的病人大致可分為兩種，一種是腦幹已經死亡，要依靠呼吸器才能生存，根據目前醫學上對死亡的界定，這已經是死亡，所以拔取呼吸器並沒有很大的爭議性，只是有時家屬會堅持

不要這樣做；另一種是腦幹尚未死亡，病人可以自行呼吸，但其實大腦新皮層已經死亡，這是負責思考、語言和意識的部分，一個經典案例是 1975 年美國女子昆蘭（Karen Ann Quinlan）以酒混入鎮定劑吞服，致腦部受到重創，進入永久植物人的狀態，她的家人要求醫院拔取呼叫器，但遭法庭禁止，理由是她的腦部並未死亡，後來最高法院裁決可以這樣做，移除呼吸器後昆蘭被送往療養院，以餵食管人工餵食，直到 1985 年才去世。

在永久植物人的情況下，主要考慮的就不再是病人的利益（當然，這假設病人不會感受到痛苦和快樂），而是其他人的利益，例如病者的家人。我認為在永久植物人的狀態下，即使病人能自行呼吸，安樂死在道德上是容許的，因為這可免除家人無限期的心理和經濟負擔，也可以將醫療資源轉移到其他有需要的病人，或許我們需要再修改死亡的定義。不過，我們尚要考慮一種可能性，那就是我在第一章主張的死亡定義，靈魂離開肉體才算是死亡。問題是，在植物人的狀態中，靈魂是否已經離開了肉體呢？假設靈魂尚未離開肉體，那安樂死在道德上是否可行呢？即使如此，但只要設身處地想想，相信沒有人會願意以這種方式繼續存在，所以我認為安樂死還是合理的。

昆蘭的案例還有一個重要意義，在那場官司中，昆蘭的媽媽、妹妹和朋友都作證說昆蘭生前曾表示不願意靠維生系統延續生命，這推動了「預設醫療指示」（advance directives，簡稱 AD），就是病人在還有自決能力的時候，預先指示將來病情進入末期時，在甚麼情況下可以免於醫療的干預，如心肺復蘇法

（cardiopulmonary resuscitation，簡稱 CPR）及人工呼吸機，而最高法院還建議醫院成立一個倫理委員會來處理這類事件，自此各地醫院紛紛仿傚，成為了現代醫療制度的一部分。AD 的設立可以將某些非自願被動安樂死轉為自願被動安樂死，因為病人在尚有自決能力時作出了明確的指示。

第二類比較複雜，它包含了很多不同的情況，由先天嚴重缺憾的嬰兒，到患上失智症的老人，這涉及生命質素的問題，有較大的爭議性，如果不是在垂死或絕症的情況下，似乎家人沒有權為其作決定，特別是有先天腸胃阻塞問題的唐氏綜合症嬰兒，現在的做法是父母可以選擇不為嬰兒做手術解決腸胃阻塞的問題，讓他自然地死亡，但這只是一個普通的手術，如果是正常的嬰兒有腸胃阻塞的問題，就一定會做手術，為甚麼會有這樣的不同對待呢？不就是暗示了有唐氏綜合症的嬰兒不值得生存嗎？澳洲哲學家辛格（Peter Singer）根據功利主義，認為那些患了脊柱裂、血友病和唐氏綜合症的初生嬰兒，若經父母和醫生同意，又沒有人願意收養的話，就應該人道毀滅。

但即使是嚴重的殘障人士也可以有很高的成就，對社會有重要的貢獻，例如既聾且啞，又盲的海倫・凱勒（Helen Keller），及對物理學有重要貢獻的霍金（Stephen Hawking）；智障人士方面，日本也有一個出色的畫家叫做山下清。

合法化的問題

安樂死是否道德上容許，跟安樂死是否合法有着密切的關係，但卻是兩個不同的問題。簡單來說，法律應建基於道德，違反道德的法律便要修改，某些道德價值要依靠法律來維持。若安樂死違反道德，法律上應該禁止；若安樂死合乎道德，則應該合法。但「合法」是有歧義的，它有兩個不同的意思，一個是沒有法律禁止就叫做「合法」，例如自殺，另一個意思的「合法」是受到法律的監管，例如賭博。我認為安樂死需要法律的監管，否則就可能會出現更多的「殺人醫生」。

瑞士早於 1942 年就將「協助自殺」合法化，亦是目前安樂死最寬鬆的國家，所以每年都吸引很多人來進行安樂死，催生出「自殺旅遊」，例如澳洲一名植物學家古道爾（David Goodall）就前往瑞士進行安樂死，雖然他已是一百零四歲高齡，但並非患有絕症。目前自願安樂死合法化的地方還有荷蘭、比利時、盧森堡、加拿大和美國的奧勒岡州、華盛頓州和蒙大拿州等等。每個地方的條例都有差異，只有荷蘭和比利時容許十八歲以下人士在家長的同意下有安樂死的權利，荷蘭和比利時也接受精神病患者和認知障礙症病人進行安樂死，但美國實施安樂死的州分則只容許末期病患者。

在安樂死未合法的地方，也不斷有人提出法律的挑戰，英國有一個案例，戴安（Diane Pretty）染上運動神經元疾病，這種病會帶來無法忍受的痛苦，為了爭取「協助自殺」合法化，她上訴到英國最高法院，以及歐洲人權法院，但最終被駁回，訴訟雙方都是

引用《歐洲人權公約》(*European Convention on Human Rights*)，
戴安認為根據《歐洲人權公約》第三條：「沒有人該忍受酷刑，或
是非人性與貶低人格的對待和懲罰」，人有協助自殺的權利，因
為禁止這種權利，就是對戴安的非人性對待；但法官指出，第三
條公約並不包括協助自殺的權利，而協助自殺則違反了第二條公
約：「所有人的生命權利都受到法律的保障，不應該被剝奪，除
非他被法院判定剝奪其生命的刑罰」。

在香港，我們也有斌仔爭取安樂死的案例，雖然他並沒有從法律
上作出挑戰，但在他所寫的《我要安樂死》一書中，提出了一個
論據，他指出雖然香港已經將自殺「非刑事化」，但像他這類癱瘓
人士，根本就沒有能力自殺，而香港法例卻禁止協助他人死亡，
這樣也等於剝奪他自殺的權利。不過，斌仔的案例跟戴安不同，
斌仔是希望政府立法容許安樂死，而戴安卻是想到國外進行安樂
死，但她需要丈夫的幫助，她要爭取的是丈夫回國後不被英國政
府控告「協助自殺」之罪。

應否「合法化」還要考慮其他因素，例如民眾是否支持，如果大
部分人都反對安樂死，安樂死也不宜合法。又例如安樂死帶來的
不良後果，正如第二節所講，這是反對安樂死的一個主要理由。
安樂死合法化之後會否產生這些不良後果是一個事實問題，我們
可以觀察一些已實行安樂死的地方，看看有沒有這些不良後果。
不過，要注意的是，這些後果是否嚴重還受着其他因素的影響，
例如人權和經濟的狀況，在人權不受重視或經濟落後的地方，這
些不良後果會比較嚴重。

有人擔心安樂死一旦合法之後，就會出現濫用的問題，就以比利時為例，有些情況值得令人注意，例如未得到認知障礙症病人同意，只是由其家人提出，就進行了安樂死，這屬於非自願安樂死。又例如 2012 年，一對四十五歲的聽障雙生兄弟，由於今後很有可能會失去視力，不能忍受看不到對方的痛苦，於是進行了安樂死；雖然他們的遭遇很不幸，但並非末期病患者，而客觀上這種痛苦也不能說是難以忍受。還有，2017 年一名精神科醫生曾為多名精神病患者申請安樂死，結果有半數獲得批准，問題是，精神病患者能否作出理性的自決行為呢？

總結

醫療倫理的四大原則，安樂死的問題涉及了前三個。贊成主動自願安樂死的主要理由是解除病人的痛苦，這是「仁慈原則」，及尊重病人的自主權，這是「自主原則」。雖然是殺人，卻是仁慈殺人，又或者可以這樣說，在特殊的情況下（患了絕症或重病，身心要承受極大的痛苦），人擁有死亡的權利。當然，殺人是違反「不傷害原則」，不過，我認為安樂死跟死刑、自衛和戰爭殺人一樣，都是例外。

對垂死和絕症的病人來說，安樂死的爭議性較少，但重病就不同，一個主要的問題是如何界定「重病」，甚麼樣的病才不值得

活下去呢？例如生下來有脊柱裂的嬰兒，將來的生活就一定很痛苦，但患有唐氏綜合症又如何呢？容許父母作安樂死決定的話，非自願安樂死可能會變成優生的手段。上一節比利時的案例令人擔心會產生「滑坡效應」，由自願安樂死到非自願安樂死，由絕症到重病；會否進一步由非自願到不自願，由重病到厭世呢？

大部分宗教都是反對自願安樂死的，在本章開始所講的港台節目中，就訪問了三個宗教人士，牧師、神父及和尚，而反對自願安樂死的理由跟反對自殺大致上是相同的，在第二章「自殺」已經交代過。安樂死和墮胎的問題很容易淪為宗教跟自由的對決，看來只有解開生死之謎才能有望消除兩者的衝突。

關鍵字再思考　　協助自殺　仁慈殺人　安樂死的合法化　醫療倫理原則

北周是北朝的最後一個朝代，而佛教文化也漸漸融入中國傳統社會，北朝壁畫受到來自印度和西域的影響，有一種拙樸之美。《涅槃圖》是描述佛陀圓寂之時，身邊弟子悲慟的場面，要注意的是，在這《涅槃圖》中，還有兩棵樹，稱為娑羅雙樹，一枯一榮，代表着生和死，我的理解是佛陀雖然在世間死亡，但進入了永生的涅槃狀態，《涅槃圖》正象徵着「離苦得樂」。

《涅槃圖》(北周)

現存：敦煌四二八石窟

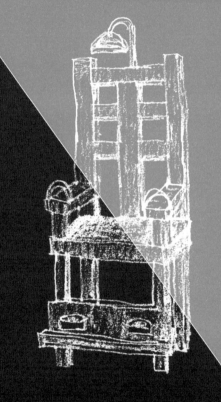

5

死刑

「對於一個極度邪惡的生命，有甚麼理由不將之摧毀？」

作為一種刑罰，死刑有着悠久的歷史，在古代社會，不只是殺人罪，其他較輕的罪行都可判處死刑，蘇格拉底就是因為不敬神和敗壞青少年而被判死刑，在《聖經》中，謀殺、對父母不敬、使用巫術、擄人勒贖及崇拜偶像等等都是死罪，即使是到了十八世紀的歐洲，偷竊也可判處死刑。

死刑不單是古代的主要刑罰，還有着不同的形式，例如中國古代就有炮烙、車裂、凌遲、斬決等等，由此可見，死刑是一種非常殘酷的肉體刑罰，蘇格拉底被判飲毒汁而死，相比之下，算是好死了。從歷史的角度看，法國大革命採用了斷頭台的行刑方式，也可以說是一種較人道的死刑，因為受刑人在極短時間內死亡，原理上肉體是沒有痛苦的。

比起墮胎和安樂死，對死刑的爭論也較早開始，十八世紀的啟蒙運動展開了死刑存廢的爭論。康德雖然贊成死刑，但他主張將死刑限制在殺人罪，在當時來說也算是一種進步。康德在《道德形上學》(*Metaphysik der Sitten*) 反駁了當時主張廢除死刑的貝加利亞 (Cesare Bonesana Beccaria)，有趣的是，雙方都是引用契約論來支持自己的主張。貝加利亞是意大利人，於 1764 年首先提出了廢除死刑的主張；但嚴格來說，貝加利亞並非主張完全廢除死刑，在《犯罪與刑罰》(*On Crimes and Punishments*) 一書中他雖然反駁盧梭 (Rousseau) 的死刑主張，但強調部分殺人罪及內亂罪也必須判處死刑。貝加利亞廢除死刑的主張收錄在法國大革命後的《人權宣言》中，自此歐洲就展開了廢除死刑的運動，現在歐洲地區已全面廢除死刑，很多已發展國家也跟隨了，在先進的發達國家中，就只有美國和日本還存在死刑。雖然目前全球有超過一半以上的國家廢除了死刑，但因死刑被殺的人數仍不少，因為像中國、印度、美國 (只有少部分州廢除了死刑) 這些國家仍有死刑。

死刑是一種刑罰，要討論死刑的合理性，就得先審視刑罰的理據。簡單來說，刑罰是對違法者的傷害，並由合法的機構來執

行。由於刑罰是對人的傷害，比如說死刑就違反了我們的生命權利，所以必須提出充分的理由。以下我們會先講解三種刑罰理論：報應論、阻嚇論和改造論，及其跟死刑的關係，然後再討論反對死刑的理據。

盧梭 VS 貝加利亞

契約論是證立政權正當性的理論，簡單來說，權力來自人民的同意。在未有政府出現之前稱為「自然狀態」，而人就是在此狀態下締結社會契約，同意成立政府，放棄部分的自由，將權力轉讓給政府來維持社會秩序。

盧梭	人在締結社會契約時，不希望會被人殺害，為了保障自己的生命，於是同意假使自己犯了殺人罪，也必須判處死刑
貝加利亞	人在締結社會契約時，只會放棄有限度的自由，不會同意政府有權剝奪人的生命權利

報應論

報應論的基本精神是正義，犯了罪就得接受懲罰，這才合乎正義，這很合乎我們的常識。報應論背後有着「平衡」的理念，我們看看正義女神的造型就會明白，例如位於中環的舊立法會，前身是高等法院，三角楣之上就雕有正義女神像，女神一手執劍，一手拿着天秤，天秤正代表着平衡的理念，犯罪者彷彿從社會拿走了一些東西，破壞了社會的平衡，於是我們需要懲罰他，也拿走他一些東西，維持平衡；但對一般人來說，這種平衡的理念卻十分抽象，較難理解。

報應論有兩個版本，第一個主張犯罪者要接受跟受害者一樣的傷害，這就是《舊約聖經》講的「以眼還眼、以牙還牙、以手還手、以腳還腳」，這是對等式的報應，所以殺人者必須判處死刑，那就是「以命還命」，這也是人類歷史以來最古老法律《漢摩拉比法典》(The Code of Hammurabi) 的立法原理。正如中國人講的「殺人填命」一樣，很多人直覺上都會接受。不過，很多罪行都難以根據這個原則來施予懲罰，例如殺人全家者，難道也要將犯罪者的全家判處死刑嗎？強姦犯也要接受被強暴的懲罰嗎？

報應論的第二個版本可稱為「相對性的報應」，這是源於亞里士多德，刑罰的輕重要跟罪的嚴重性成正比；換言之，所犯的罪越重，所得的刑罰就越重，如果隨地拋棄垃圾要判監禁，而嚴重傷人卻罰款了事，那就不合乎比例了。殺人是重罪，所以要判處最嚴厲的刑罰，亦即是死刑。在實踐上，「相對性的報應」比「對等性的報應」優勝，但在支持死刑的程度上，前者就不及後者那麼強；因為不一定要使用死刑，也可以將殺人犯判處終身監禁。當然，贊成死刑的人亦可堅持死刑是比終身監禁更嚴重的刑罰，正好對應嚴重的罪行，如果殺人還不算嚴重的話，那麼連環殺人犯、侵略戰爭的發動者和種族清洗者也該夠資格判處死刑。另外，判殺人犯終身監禁還存在一個問題，那就是若他在獄中再犯殺人罪又如何呢？由於終身監禁已是最高刑罰，法官亦只能再判他終身監禁，這樣他好像是領取了一張「殺人執照」，可以繼續殺人而沒有甚麼法律上的後果。

反對報應論的一個理由是這猶如「報復」，某個意義下，我們可以將死刑看成是將私人復仇收編國有，由國家代理復仇。但「報復」

跟「報應」有一個顯著的分別，那就是報復往往是加倍奉還，是「以命還眼，以眼還牙」，當《舊約聖經》提出「以眼還眼，以牙還牙」的主張時，其實是用來限制報復的。

報復 VS 報應

報復	報應
私人的反應	公正的回應
令犯罪者比受害人更痛苦	令罪犯者受到對等的刑罰
引致仇恨	平息仇恨

另一個反對報應論的理由就是判錯案，死刑是無可補救的刑罰，若將無辜的人判處死刑，那就是違反正義，也正好有違報應論的理據。不過，我認為這是混淆了報應論的理據和司法的正義，司法系統是一種不完美的正義程序，雖然我們知道甚麼是正義的結果，那就是將有罪的人判有罪，無罪的人判無罪；但司法程序卻無法保證一定會達致這樣的結果。有關判錯案的問題會在第四節討論。

阻嚇論

相信大部分人都會認同刑罰的目的就是保障市民的生命財產，維持社會秩序，如何保障呢？那就要靠刑罰的阻嚇力。阻嚇論認為刑罰的理據在於阻嚇人犯罪，刑罰越重，阻嚇力也越大，而死刑

作為最嚴重的刑罰，也就具有最強大的阻嚇力，首先死刑可以阻止罪犯再犯罪，因為他已被處決，其次就是阻嚇其他人犯罪。古羅馬哲學家塞內卡認為死刑是善的，那當然是指對社會而言，亦即是其阻嚇力；也正如奧古斯丁所說：「死刑讓惡人懸崖勒馬，讓善人安心歇息。」但是，若死刑沒有阻嚇力，或只有很低的阻嚇力，那使用死刑就會受到質疑，死刑的阻嚇力亦會因時空不同而有差別，也許在古代有較大的阻嚇力，因為古代的死刑十分殘酷。但對報應論來說，即使死刑沒有任何阻嚇力，死刑還是必須的，因為那是合乎正義。

阻嚇論可以說是建基於功利主義，那就是根據行為的後果判斷對錯，若死刑帶來的整體快樂大於痛苦，則死刑是合理的；若死刑帶來的整體痛苦大於快樂的話，則死刑必須廢除。當然，除了阻嚇力之外，我們也要考慮其他後果，比如說對受害者家人及罪犯家人的影響；不過，若死刑真的有阻嚇力，那就可凌駕於死刑帶來的痛苦，所以關鍵還是死刑是否有阻嚇作用。又或者，如果終身監禁的阻嚇力大於（或相若於）死刑的話，那就應該用終身監禁代替死刑；不過，他也有可能在獄中再犯殺人罪。

對阻嚇論的主要批評是阻嚇論會主張嚴刑峻法，甚至在找不到罪犯時，會以誣告的方式，不惜懲罰無辜者，起到阻嚇的作用。的確，當某些罪行犯案率高的時候，可能就要提高刑罰，以起到阻嚇之用。對於嚴刑峻法的批評，我們可以區分刑罰的理據和判刑的根據，阻嚇論是為刑罰提供理據，至於判刑的根據則可以有多個，除了阻嚇作用，也包括正義原則，即是罪與罰成正比。至於懲罰無辜者，那就根本違反了刑罰的定義。

另一個批評是針對刑罰的阻嚇力,論者認為刑罰的阻嚇力往往是被高估的,因為阻嚇論有幾個有問題的預設,第一,預設了市民都清楚各種罪行的刑罰;第二,預設了人是理性的,明白犯罪的後果就不會輕易犯罪;第三,預設了人能控制自己的情緒。可是,事實上人並非那麼理性,很多人都是一時衝動之下殺人。另外,刑罰的阻嚇力也取決於被逮捕的機會,即使刑罰很重,但若被逮捕的機會很低,刑罰的阻嚇力也會大打折扣,例如有些地方犯了貪污罪可判死刑,但貪污還是很猖獗,這就是因為被捕的機會很低。

直覺上,我們會認同死刑有一定的阻嚇力,或至少對部分人有阻嚇力;但要確定死刑的阻嚇力,還需有客觀的數據。我們可以比較兩個地方,一個有死刑,另一個沒有死刑,看看兩者的謀殺率有沒有顯著的差異;不過,如果這兩個地方的政治經濟和文化有很大的分別,即使謀殺率有顯著的差異,也不算是很強的證據。又或者同一個地方,比較廢除死刑前後的謀殺率有沒有差別,以厄尼斯德‧海格 (Ernest van den Haag) 的研究為例,紐約廢除死刑之後,六年間謀殺率上升了 60%,而廢除死刑前的謀殺案中有 80% 是激動之下殺人,廢除死刑後則只有 50% 是激動之下殺人;換言之,廢除死刑後非激動之下殺人增加了很多,有理由相信死刑對於激動之下殺人沒有甚麼阻嚇力,由此亦可推論出死刑對於非激動之下殺人有明顯的阻嚇力。但是,謀殺率其實受很多因素所影響,即使死刑的存廢跟謀殺率有關連,也不表示兩者有很強的因果關係,也有可能它們是由同一個原因所造成。還有一個比較簡單的方法,就是對死囚和終身監禁的犯人進行問卷調查,若

有機會讓他們選擇的話，究竟是死刑還是終身監禁，如果大部分人都選擇終身監禁，則表示死刑有較強的阻嚇力。

死刑具阻嚇力嗎？

一直以來，支持和反對死刑具阻嚇力的研究報告都有，之所以有完全相反的結論，主要原因有兩個，一是其量度的標準並不相同，二是死刑的阻嚇力會因時空不同而有差別。

沒有阻嚇力	聯合國分別在 1988 年和 1996 年對死刑和謀殺率的關係進行研究，結論是死刑並沒有明顯的阻嚇力
有阻嚇力	厄李希（Isaac Ehrlich）的研究指出，在 1933 年至 1969 年間的美國，每處決一名殺人犯，平均能阻嚇七至八次謀殺

即使我們無法確定死刑有沒有阻嚇力，但海格認為，根據賭博原理，我們還是應該使用死刑。假設死刑有阻嚇力，我們就可以拯救無辜人的性命，處死謀殺犯是有意義的；若死刑沒有阻嚇力，拯救不了無辜人的性命，處死謀殺犯則沒有意義。我們選擇死刑就是賭它有阻嚇力，若贏了，可拯救無辜人的性命；但輸了，也不過是損失了謀殺犯的生命。

改過論

改過論認為刑罰的目的是為了令罪犯改過，重新做人，成為社會上有用的人；但如果判處死刑的話，那罪犯豈不是失去了改過的機會嗎？即使犯了殺人的重罪，也應該給予改過自新的機會，

這樣看來，改過論是反對死刑的。但其實也不一定，我認為刑罰之所以能夠令人改過，就是因為它帶來痛苦，繼而激發起人的內在善性，反省改過，而死刑作為最嚴厲的刑罰，理論上應該帶來最大的痛苦。我相信每一個面對死刑的罪犯，都會承受極大的痛苦，那就是死亡所帶來的恐懼，也可以說是給予最深徹的反省機會。雖然犯罪者最後還是難逃一死，但能在死前改過，也可以說是達到懲罰的目的。如果我們相信死後還有靈魂的話，那麼一個誠心悔改的靈魂，總比一個死不認錯的靈魂會有較好的去處。

改過論跟阻嚇論一樣，都會面對這樣的質疑，就是其效果有多大呢？當然，刑罰的改過效力要配合其他條件，例如監獄的環境、緩刑和假釋的制度等等；不過，直覺上，刑罰的改過效力遠低於其阻嚇力。

改過論有一個特殊的版本，那就是罪犯其實是病人，犯罪不過是心靈患病所致，所以我們應該從醫治的角度對待罪犯，判處死刑就是選擇放棄醫治罪犯。這種心靈患病的犯罪觀可以上追柏拉圖，柏拉圖就認為犯罪是「靈魂患病」，柏拉圖所講的靈魂是實有所指，人死後靈魂會離開肉體重返實在界。不過，即使我們持這種「心靈患病」或「靈魂患病」的觀點，也不一定要廢除死刑，甚至可以支持死刑，因為一個犯下彌天大罪的人，其心靈也許已經是無藥可救了，或者其靈魂需要到地獄受苦，作更深徹的反省。

我們不妨將這種「患病」的版本推向極端，就是人犯罪不過是完全受先天（基因）和後天（環境）的影響，例如先天具有攻擊性、貧窮或成長於充滿罪惡的環境，懲罰只能暫時禁止他們的犯罪行

為。拿這個版本的改過論跟報應論比較也許很有趣，因為報應論預設了人有自由意志，所以人也必須為他的犯罪行為負上責任；而改過論似乎認為人是受外在和自身條件所決定，自主能力有限，不需為自己的行為負上太多的責任。

對改過論最致命的攻擊還是有所謂先天的罪犯，十九世紀時，龍布羅梭（Cesare Lombroso）採用當時遺傳學的知識，根據頭蓋骨、頰骨、下巴、鼻子和耳朵的特徵來判定，人類有一定比例是天生的罪犯，對於這些天生罪犯，任何治療都是無效的，他們也沒法真正改過，為了保障一般市民，即使不判決死刑，也只能夠長期監禁。

三種刑罰理論

報應論	刑罰建基於正義，犯了罪就得接受懲罰	贊成死刑
阻嚇論	刑罰的目的是阻嚇人犯罪，繼而保護市民的生命和財產	贊成死刑
改過論	刑罰的目的是令罪犯改過，成為社會上有用的人	反對死刑

反對死刑的理由

反對死刑的理由主要有五個：第一，違反人的生命權利；第二，判錯案造成冤獄；第三，死刑是歧視窮人；第四，違反人的尊嚴；第五，死刑不文明。

現在是一個高舉人權的時代，死刑正違反了人的生命權利，其正當性自然受到質疑。不過，正如之前所講，生命權利並非絕對的，例如自衛殺人或協助防衛殺人都是道德上容許的，但死刑是否例外仍存在很大的爭議性。反對死刑的人指出兩者有着本質上的差異，自衛殺人或協助防衛殺人之所以容許，理由是可以阻止施襲者傷害自己或他人的生命；但死刑並沒有這個即時功能，因為罪犯已經被捕，即時的威脅得以消除。有些支持死刑的人則認為，那些侵害生命權利的人，本身就喪失了生命權利的資格。我認為當人犯了極嚴重的殺人罪行，例如同一事件中殺了多人，或是犯了連環殺人罪，就足以剝奪其生命權利，可判處死刑。當然，只是一時衝動殺人，或誤殺，就不必判處死刑。正由於人的生命重要，對於奪去他人生命的罪犯，就必須處於極刑，才能彰顯我們對生命權利的重視。

刑罰與基本權利

基本人權雖然重要，卻不是絕對的；因為如果基本權利是絕對的話，則所有刑罰都必須廢除，監禁不也是侵犯了人的自由權利嗎？而為了保障市民的基本權利，那就不得不侵犯罪犯的基本權利。

犯罪	傷害 ⇒	基本權利	⇐ 傷害	刑罰
謀殺		生命		死刑
禁錮		自由		監禁
偷竊		財產		罰錢

不錯，法庭有機會判錯案，冤罪的問題是存在的，死刑不同於其他刑罰，殺了一個無辜的人，這個錯誤是無法彌補的。雖然説監

禁所失去的時間也是無法彌補，但兩者的性質並不一樣，比如說無辜者被判十年監禁，第五年翻案成功，證明是冤獄，雖然失去了五年的自由，但也不用再受五年牢獄之災。英國在 1950 年代發生了埃文斯冤罪事件，間接導致英國廢除死刑。埃文斯冤罪事件發生在 1950 年的英國，埃文斯（Timothy Evans）被控殺害妻子和女兒，罪成判處死刑，在執行死刑後發現有冤罪的可能，因為住在埃文斯樓下的其實是一個連環殺人犯，此人還是控方的證人，所以很多人懷疑埃文斯只是替罪羊。冤罪對於報應論是一個有力的反駁，但對阻嚇論來說，就不是那麼有力，因為阻嚇論的基礎是功利主義，即使將冤獄造成的痛苦計算在內，若死刑有阻嚇力，就能拯救生命，其帶來的整體快樂仍然大於痛苦。

正如第一節所講，司法本質上是一種不完美的正義程序，即使我們知道甚麼是正義的結果（將犯罪的人判有罪，無罪的人判無罪），司法程序卻無法百分百保證得到正義的結果，冤獄是無可避免的；但我們可從制度和審訊程序各方面着手，將出錯的機會減到最低。至於有人說死刑會被濫用，變成清除異己的方法，在民主法治的社會，人權得到充分保障，其可能性會大大減低。

由於大部分被判死刑的罪犯都是窮人或低下階層，所以有人說死刑是對窮人的歧視，對窮人不公平。要注意的是，「多數死囚是窮人」是事實判斷，而「死刑對窮人不公平」則是價值判斷，一般來說，由事實判斷是推論不出價值判斷，舉個例，由「男性囚犯的數目遠高於女性囚犯」是推論不出「這是性別歧視」或「法律對男性不公平」。當然，我們可以進一步解釋這是因為窮人沒有

錢打官司，所以入罪率高於一般人。不過，即使如此，也只能說司法制度對窮人不公平，而並非死刑本身，我們應該盡量改善司法制度，而不是廢除死刑。

至於人的尊嚴，那就跟主動自願安樂死的問題一樣，既可以用來反對死刑，因為殺害一個人就是剝奪了人的尊嚴；也可以用來支持死刑，例如康德就認為由於人有自由意志，所以人要為自己的罪行負責，犯了殺人罪就得判處死刑，這樣才可以維護罪犯的尊嚴。從康德的角度看，死刑不但沒有剝奪罪犯的尊嚴，反而是保障了罪犯的尊嚴，人的尊嚴比其生命更加重要。美國的馬歇爾（Thurgood Marshall）法官卻認為死刑違反人的尊嚴，因為死刑是一種殘忍的刑罰。馬歇爾是首位黑人被任命為最高法院的法官，他明確表示反對死刑，說死刑既沒有阻嚇力，也不能使合法的報復觀念有進一步的發展，他認為死刑是違反了第八修正案「禁止殘酷和不尋常的刑罰」。雖然死刑在憲法上受到挑戰，但美國最高法院還是維持死刑合憲的判決。

的確，大部分先進發達的地方都廢除了死刑，廢除死刑似乎成為了文明的標誌；不過，說死刑不文明也可能是指執行死刑的方法，斷頭台、絞刑、槍斃等方法固然殘忍，但也有較人道的毀滅方法——「打毒針」，先給死囚注射麻醉藥，使其失去意識，然後再注射致命的藥物，例如令心臟停頓的高濃度氯化鉀，這樣死囚就會在沒有意識的狀態下死去，跟安樂死差不多，沒有甚麼痛苦。不過，這種處死的方式似乎潛在一種矛盾，因為當我們發現一個死囚出現精神失常、失去記憶或意識時，我們會暫緩執行死刑；但這種執行死刑的方式，卻是先令罪犯失去意識才被處死。

古代	有不同程度殘酷的死刑，其他罪行如通姦也會判處死刑
十八世紀	由於啟蒙運動的影響，廢除了殘酷的死刑方式，代以其他較人道的方式，如「斷頭台」或「絞刑」，也只有嚴重的罪行才判以死刑
二十世紀	發展出「毒氣室」或「打毒針」等讓人在失去意識下被處死的方式

死刑與戰爭

死刑是一個國家或社會的內部事務，而戰爭則涉及國與國之間的衝突，這兩個看似不同層次的問題，如何扯上關係呢？奧古斯丁在《上帝之城》(*De Civitate Dei*) 說：「有時賦予死亡並不是一種罪，例如士兵在戰場殺敵，或者法官給罪犯判處死刑。」盧梭就認為那些嚴重的罪犯就像是國家的敵人，所以必須用死刑待之。戰爭和死刑一樣，都是蓄意殺人，近年美國在反恐戰中，動輒就將主謀就地正法，例如即場處決 911 恐怖襲擊的主謀拉登 (Bin Laden)，真有點像執行死刑。有人認為當一個國家發動戰爭時，也等於把士兵送上戰場受死。從這個角度看，國家將人的原始殺戮衝動制度化為死刑和戰爭，目的在於鞏固國家的權力。尤其是極權主義的國家，本質上要對外擴張，如德國的納粹政權，那就必須發動戰爭殺死所謂「敵人」；對內則用死刑清除異見者，為的就是維持其統治權力。

如果反對死刑的理由是人有生命權利；那麼我們就更加有理由反對戰爭，因為在戰爭中被殺害的包括無辜平民，主張廢除死刑而不主張廢除戰爭是否自相矛盾呢？主張廢除戰爭的人可稱為和平主義者，但和平主義者並不一定反對死刑，因為他們可以辯說戰爭不是必須的，可通過談判或其他方法來解決紛爭，只要各方堅持和平主義的立場就可廢除戰爭，而死刑則是對罪有應得之人的懲罰，故兩者不可相提並論。當然，也可以有反對死刑，但主張正義戰爭的立場，只要有正當的理由，如自衛，就可以發動戰爭。

戰爭和死刑一樣，跟死亡有關，我認為透過戰爭和死刑，能令大家正視死亡的意義，也有比生命更有價值的東西，例如黑格爾就認為偶爾發動戰爭，可以振奮人民的精神，因為長久處於和平狀態只會令人安於逸樂，戰爭亦有助培養勇氣和智慧。死刑也有其社會意義，那就是共存感，當我們正想要殺人時，就會想到自己有可能會被判死刑，這就將他人之死跟自己的死亡連在一起，產生一種共存感，共存感有助人的團結，這跟死刑的阻嚇作用不同。當然，共存感不一定要依靠死刑才能產生，正如勇氣和智慧，也不一定要通過戰爭才能培養。

戰爭跟死刑一樣充滿了爭議，有主張全面廢除戰爭的和平主義，也有贊成戰爭的浪漫主義，亦有界乎兩者之間的現實主義。經歷了二次世界大戰的慘痛教訓之後，我們成立了聯合國，目的就是維持世界和平。1928 年，多國在巴黎簽署了《巴黎非戰公約》(Pact of Paris)，否定以戰爭來解決國家之間的爭端，公約的基本原則被後來的《聯合國憲章》所繼承。這樣看來，戰爭就好

像是違反了國際法，但實際上戰爭還是必須的，政治有着自己的「邏輯」，到了某些狀況是非戰不可。不過，戰爭和死刑一樣，都必須加以限制。只有自衞、協助他國自衞及消滅反人類罪行之戰才算是正義之戰，有時戰爭是維護正義的必要手段。而死刑也必須限制在那些極其嚴重的罪行，如連環殺人、在同一事件中殺了多人、種族清洗等等。死刑和戰爭的合理性在於正義，但戰爭比較複雜，因為涉及更多的因素，比如說出兵阻止他國進行種族清洗，雖然合乎正義，但若沒有戰勝的把握，也不應出戰。

總結

我們可以將死亡分為兩種，一種是自然死亡，另一種是人為死亡，舉凡因衰老、疾病和意外而死的都是自然死亡，至於人為死亡，那就是謀殺、自殺和死刑。自殺是當事人運用自由意志結束個人的生命，而死刑則是運用公權力剝奪人的生命；前者是自願的，後者卻是強制的。

從歷史的角度，我們可以看到刑罰有一個明顯的轉變，就是由身體刑轉到自由刑，古代社會以身體刑為主，除了不同的殘酷死刑，還有各種傷害身體的懲罰，例如斷肢、挖眼、烙印等，對身體造成嚴重的永久傷害，刑罰的轉變正反映出文明的進步，由殘暴走向文明，現在只剩下死刑，所以廢除死刑彷彿是文明的標

誌，大部分先進的國家和地方都廢除了死刑。1989 年聯合國通過了死刑廢止條約，很多國家都加入了這個條約。至於某些仍有死刑國家，也很少執行死刑，死刑可以說是存而不用。

跟消除戰爭一樣，死刑的廢除也是人道主義的理想，在 1989 年所修訂的《公民及政治權利公約》中，廢除死刑被視為對生命權利的保障及人性尊嚴的提升。此修訂見於旨在廢除死刑的《公民權利和政治權利國際公約》第二項任擇議定書，根據 1948 年通過的《世界人權宣言》第三條及 1966 年通過的《公民權利和政治權利國際公約》第六條作出修訂，在聯合國大會通過。正如前面所說，死刑的合理性在於正義，那死刑的爭議就在於人權和正義的衝突，這兩個都是人類最基本的道德價值。

假設贊成死刑和反對死刑雙方的理據都是不相伯仲，在民主自由的社會，就可以交給人民來決定，用公投的方式解決死刑的存廢問題。可是，很多廢除死刑的國家都沒有採用這個方法；相反，政府多是逆民意而行，例如英國在廢除死刑時，有高達 85% 國民是贊成死刑的，而法國廢除死刑時，則有 62% 的國民贊成死刑。

十九世紀末，由於浪漫主義的影響，出現了藝術
是表現情感的理論 —— 表現論，挑戰傳統再現論
的地位，而二十世紀初表現主義這種藝術風格，
跟表現論有一定的關係，不過，表現主義傾向
表現人內心的痛苦和不安。諾爾德使用表現主義
的風格，將耶穌基督的故事重畫一遍，其中以基
督上十字架這一張最具代表性，畫中充滿着紅、
黃、綠等原色，造成強烈的對比，加上扭曲變形
的人體，不但強化了痛苦，甚至給人一種瘋狂的
感覺。

《極刑》(1911-1912)

作者：諾爾德
原作物料：油彩
尺寸：220 x 191 cm
現存：諾爾德美術館

6

人工生殖

「若可輕易地將人複製出來，那會降低人的價值嗎？」

以上四章都跟「死」有關，現在開始會轉到「生」的問題上。由於科技的進步，我們發展出人工生殖的方法，可以幫助那些不育的夫婦生產下一代。對很多人來說，家庭是快樂的泉源，而一個欠缺孩子的家庭似乎並不完滿，不育問題的確對一些夫婦造成很大的困擾。雖然不育人士可以領養孤兒，但領養有着不少限制，例如在香港過了四十五歲就沒有資格領養，而且大部分人都希望擁有跟自己有血緣關係的孩子，所以生殖科技對於他們確是一大喜訊。不過，使用這些生殖科技的同時，亦可能會出現倫理的問題，有些甚至衝擊着基本的道德價值。

人工生殖可以分為「有性生殖」和「無性生殖」兩種，所謂「有性生殖」是指非自然的受孕的方式，用人工的方法令精子和卵子結合；至於「無性生殖」則不需要精子和卵子結合，用複製的技術生產下一代，俗稱為「複製人」。

人工生殖 VS 道德

	體內受精	若使用第三者的精子，就會產生倫理問題
有性生殖	體外受精	若使用第三者的精子或卵子，就會產生倫理問題
	代孕母	無論卵子是否來自代孕母，都會有倫理的問題
無性生殖	複製技術	必定會產生倫理的問題

以下會先介紹各種人工生殖的方法，接着討論其對家庭制度的衝擊，最後藉人工生殖的技術，從較為廣闊的背景，探討科技對人類未來的影響。

人工受精

人工受精，顧名思義，是用人工的方法，令卵子受精，達致懷孕的目的。最簡單的一種是用人工方法令精子進入女性的陰道或子宮，跟卵子結合。通常使用這種方法的原因是丈夫的精蟲不足，或是丈夫因意外不能跟妻子行房，精液在注射入妻子體內之前，要經過特別的處理，例如用離心機將質素較好的精蟲篩選出來，增加受孕的機會。有時妻子的輸卵管閉塞，卵子無法到達子宮，

那就要使用「體外受精」的方法，俗稱「試管嬰兒」，用儀器將卵子取出，在試管內受精，然後再放回子宮，這種技術稱為 IVF（In-Virto Fertilization）。我有三對夫婦的朋友都是用了這個方法得到孩子，由於受精的卵子不一定成功在子宮着牀，為了增加受孕的機會，通常會令多個卵子受精，因此容易產生多胞胎，在我這三對夫婦朋友中，就分別有雙胞胎和三胞胎。

試管嬰兒今天十分普遍，但其實這種技術最初出現時也曾引起了很大的反對聲音，特別是宗教團體，梵蒂岡堅持性愛的目的是為了生育，因此性愛和生育是不可分的，體外受精則切斷了兩者的關係。體外受精這種技術是由英國科學家羅伯特・愛德華（Robert Edwards）所發明，而首名「試管嬰兒」露易斯（Louise Brown）則誕生於 1978 年，她在自傳中提到自己和家人都曾遭到恐嚇，説她和同為試管嬰兒的妹妹違背了上帝的旨意。當時亦有人擔心試管嬰兒會有健康問題，但事實證明，試管嬰兒跟自然受孕的嬰兒一樣，都能健康成長。愛德華由於對人工生殖的貢獻，得到了 2010 年的諾貝爾醫學獎。

現在，以上這些方法都已被廣泛接受，由於用的都是夫婦的精子和卵子，而且受精卵都是在母親的子宮培育，並沒有產生很大的倫理問題。但體外受精比較有爭議性，正如前面所講，為了增加受孕的成功機會，通常會令多個卵子受精，事後就要棄掉多餘的受精卵，若將受精卵當成是人的話，這就涉及殺害生命的問題。但受精卵真的具有人的道德地位嗎？這又回到第三章的墮胎問題。

至於使用夫婦以外第三者的精子、卵子或子宮，就會涉及較複雜的倫理問題，也更有爭議性。若丈夫有遺傳病或精子有嚴重問題，那就需要使用第三者的精子，這稱為「他精受孕」，用體外受精的方法，再將受精卵放回母親的子宮。這種方法之所以產生倫理的問題，原因是孩子會有兩個父親，一個是血緣上的父親，另一個是養父及法律名義下的父親；那麼，究竟孩子有沒有權利知道親生父親是誰呢？若血緣上的父親患有遺傳病，那就會影響孩子的健康。通常使用這種生殖方法的男性都不願意公開自己有不育的問題，但隱瞞的話，若孩子後來發現真相，知道自己是他精孩子，父親並非親生，那可能會對他產生很大的衝擊，或出現身分危機。英國的做法是容許他精孩子知道自己生父的種族，及遺傳方面的健康狀況。

若妻子的卵子有問題，那就要藉助其他人的卵子，也是用體外受精的方法，再將受精卵放回妻子的子宮培育，跟上面的情況一樣，這也是孩子的權益問題，孩子有沒有權利知道自己血緣上的母親呢？容許以上生殖方式也可能會催生精子和卵子買賣的行業，現在美國已經有精子銀行的出現，商業化必定導致不同級別的產品，成功人士精子和卵子的售價自然就會高些。將生育市場化，會否影響生育的意義和價值呢？比如說，有人認為生兒育女本是天職，孩子是上天的恩賜，人工生殖市場化會否侵蝕這種價值呢？

代孕母

在不育夫婦當中,部分是由於女方的子宮有問題,不能夠懷孕;又或者不適宜懷孕,例如高齡或心臟負荷力有限,那就需要借用第三者的子宮來孕育下一代,以體外受精的方法使其懷孕,這稱為「代孕母」。

從血緣的關係上,代孕母可以分為兩種,一種只借出子宮,卵子來自委託人或其他人,胎兒跟代孕母沒有血緣關係;另一種不單借出子宮,還提供卵子,故胎兒跟代孕母就有血緣上的關係。而從金錢的關係上,代孕母又可以分為兩種,一種是商業性的代孕服務,代孕母會收取報酬,跟委託人簽署合約,確立雙方的責任和權利。另一種則是非商業性的,是義務代孕,當然,委託人需支付相關的醫療費用,義務式的代孕母比較少,通常只有委託人的親友願意來做。

代 孕 母 的 分 類

只借出子宮		借出子宮及提供卵子
會產生倫理的問題,代孕母跟孩子的聯繫比較少	非商業性:通常是親朋義務幫忙,由委託人支付醫療和照料的費用	會產生更大的倫理問題,代孕母跟孩子的聯繫比較多
	商業性:透過中介,跟代孕母簽定合約,列明雙方的權利和責任	

比起上一節的人工生殖方法,代孕母會引致更大的倫理問題。首先,如果卵子來自委託人,孩子就有兩個母親,一個是經過懷孕把他生下來的母親,另一個是血緣上的母親。如果卵子來自代孕

母,代孕母根本就是他的母親,這樣代孕母對孩子有沒有母親的權利呢?而孩子又有沒有權利知道自己的親生母親是誰呢?另外,這也可能涉及販賣嬰兒的問題,因為代孕母通常是收費的。也有更複雜的情況,就是卵子並非來自委託人或代孕母,而是第三者,那麼,孩子就有三個母親,養母、「生母」和血緣上的母親。以下我們就以兩個案例說明代孕母所產生的問題。

第一個案例發生在上世紀八十年代,美國新澤西州有一對斯特恩夫婦(William and Elizabeth Stern),跟一名女子懷海德(Mary Whitehead)簽定代孕合約,代孕母需提供子宮和卵子,以人工受精的方法懷孕;可是,後來代孕母對嬰兒產生了感情,拒絕接受酬金及履行合約,沒有將嬰兒交給這對夫婦,結果雙方為爭奪嬰兒的監護權,引起法律上的訴訟。在這個案例中,代孕母不單是「生母」,也是血緣上的母親,應該擁有孩子的監護權;但這又明顯違反合約,問題是這種合約能否成立呢?反對者認為這種合約有販賣嬰兒之嫌,將生育商業化也會貶低生育的意義,將嬰兒變成商品。在首次的訴訟中,新澤西高等法院裁定合約有效,嬰兒歸斯特恩夫婦撫養,懷海德不服判決,上訴至新澤西最高法院,新澤西最高法院認為懷海德並非在完全自願的情況下簽署合約,因為她並未充分理解合約對她帶來的心理傷害和健康風險,此所謂「不知情的同意」,違反了自主的道德原則,故裁定合約無效,推翻了一審的判決。不過,法院還是將撫養權判給父親威廉,理由是這最符合孩子的利益,但生母懷海德也有探視孩子的權利。二審的首席法官還說有些東西是不應該買賣的,那明顯是指代孕服務和孩子。密西根大學教授安德森(Elizabeth Anderson)認為,

代懷孕服務將孩子當成商品，那是損害人的價值，要代孕母斷絕母子之情，也是對女性的侮辱。這令我想起了康德的名句「將人當成是目的本身，不應將人當成只是手段」，將孩子當成商品，就是將孩子視為獲取利潤的工具，損害人的內在價值。從這個案例我們可以看到商業正入侵過去非市場的領域，損害了母親的角色和生育的意義。

一審和二審的判決比較

一審的主審法官索柯的理據	二審的首席法官威倫茨的理據
代孕合約有效，因為雙方都是為了獲取各自的利益而自願簽定	否定代孕合約的正當性，因為懷海德並不知道跟嬰兒分離時會對她有甚麼心理影響，這是不知情的同意
代孕不等於販賣嬰兒，因為威廉是孩子的生父，他只是購買了代孕服務	商業代孕是販賣嬰兒，因為懷海德必須交出撫養權和終止親權才能拿到酬金

另有一個案例，2013 年澳洲一對夫婦透過在泰國的中介，委託了當地的一名女子帕塔拉蒙・查恩布瓦（Pattaramon Chanbua）為代孕母，懷孕結果是龍鳳胎，但其中男胎患有唐氏綜合症，澳洲夫婦原本打算墮胎，但帕塔拉蒙本於佛教的信仰，堅持將龍鳳胎生下來，後來澳洲夫婦接走了正常的女嬰，留下了有問題的男嬰。雖然帕塔拉蒙不忍心將之遺棄，但她根本無力照顧有殘疾的男嬰，她本身就是因為貧窮才接受代孕母的工作。在這個代孕母案例中，帶出了有遺傳病或殘障胎兒責任誰屬的問題，又是否需要立例監管代孕服務呢？

目前大部分國家都禁止代孕服務，不論是商業或非商業性的，有些國家則只容許非商業性的代孕，並有法例監管，例如英國和丹麥。至於香港，根據《人類生殖科技條例》，商業代孕是禁止的，只有不能懷孕的合法夫婦才可申請非商業代孕，但必須使用夫婦的精子和卵子。不過，若沒有金錢上的利益，很少人會自願當代孕母，而那些渴望有孩子的不育夫婦，就只好到國外尋找代孕服務。雖然美國有十多個州「代孕母」是合法的，但收費並不便宜，全套服務約要八萬元美金，所以多數人會選擇收費較便宜（約三分之一）的東南亞國家，例如以上個案的代孕母就是來自泰國。代孕服務一旦變成產業，若沒有相應的法規，就會產生很多的問題，比如說代孕母和孩子的健康狀況，若孩子有殘疾的話，買家可否「退貨」？又由誰來照顧孩子呢？泰國由於以上的「棄嬰」個案，在社會上引起很大的反對聲音，終於在 2016 年禁止一切商業性的代孕服務。可是，在需求的帶動下，代孕產業會在黑市進行，也會轉移到那些法規鬆懈的落後地方，對委託人和代孕母更沒有保障。

不過，也有人贊成商業性代孕，理由是市場化對大家都有利，不育夫婦可以獲得有血緣關係的子女，貧窮的婦女則得到一筆可觀的收入，足以購買房子及支付子女的學費。有些國家更將代孕視為提升經濟的方法，例如印度政府於 2002 年將代孕合法化，吸引來自歐美等富裕國家的客戶，印度西部的阿南德更推行代孕產業，提供一條龍的代孕服務。商業代孕已形成了一條產業鏈，還將提供子宮和提供卵子分開，代孕母只負責懷孕，卵子則來自另一位婦女，雖然這樣會產生更多的倫理問題；但從商業效益的角

度看，這是有好處的，一方面我們可以選擇最適合的卵子（那視乎委託人的要求），另一方面又可以選擇最合適的懷孕者，例如心身健康，願意遵守規則等，也不用介意代孕母的長相；更重要的是，切斷了代孕母和孩子在血緣上的聯繫，這樣代孕母因為親情而不願意交出嬰兒的機會就會減少，也免卻法律上的訴訟，因為代孕母並非血緣上的母親。表面上看，這是對雙方都有利的交易，但代價可能就是貶低了人的價值。

複製人

比起他精孩子、他卵孩子和代孕母，複製人會帶來更多的疑慮，其中一個原因是複製人是一種無性生殖，不用精子和卵子的結合，只需要一個身體細胞和卵子就可以將人複製出來。不過，有很多對複製人的恐懼只是出於誤解，也許「複製」這個翻譯並不好，令人有一個錯覺，以為就好像用影印機「複製」文件那麼容易，加上一些科幻電影的渲染，不少人以為複製就是將一個人原原本本地複製出來，包括他的性格和記憶，就好像《第六日》這套電影一樣，能夠將一個剛死去的人立刻複製出來，得以重生。當然，不排除未來的科技可以做到，但那是另一回事，目前的技術只能複製 DNA，複製人跟普通人一樣要在子宮內培育、出生和成長，複製人就像一個跟複製者有着年齡的差距的雙生兒，由於時間的差距和成長環境的不同，複製人跟被複製者的差別，比

起雙生子要大得多。所以，複製希特拉的 DNA 不會得到另一個希特拉，不用那麼恐懼；複製愛因斯坦的 DNA 也不會得到另一個愛因斯坦，沒有那麼便宜。

先說明一下複製的技術，這種技術稱為 SCNT (Somatic cell nuclear transfer)。就以複製羊 Dolly 為例，1997 年科學家威爾默 (Ian Wilmut) 先從一隻綿羊乳房抽取一個細胞，取其細胞核；然後從另一隻綿羊體內抽取卵子，將其細胞核移去；接着將第一隻羊的細胞核放進這個無細胞核的卵子，用電擊或其他方法刺激其細胞分裂，形成胚胎；最後將胚胎放進第三隻綿羊的子宮培育，複製羊 Dolly 就是這樣誕生。換言之，Dolly 有三個母親，牠擁有跟第一隻相同的 DNA；不過 Dolly 出生時細胞的年齡已是六歲，所以有早逝的問題。

複製技術並不算是甚麼高科技，不難掌握，但如果要進行複製人類的實驗，則需要龐大的研究經費，因為至少要聘請很多代孕母。由於 Dolly 的成功，1998 年意大利的婦產科醫生安提諾里 (Severino Antinori) 有意成為第一個複製人類的科學家，而美國科學家席德 (Richard Seed) 更宣稱要進行複製人的實驗；不過，他們的表態很快引起科學界的批評，因為複製技術尚未完善，一定會產生很多失敗的實驗品如畸胎或胎死腹中，要成功複製 Dolly，就要付出二百多個失敗實驗品的代價，貿然用人類來做實驗是不負責任的行為，而大部分國家都立例禁止對人類進行複製。不過，經過多年的研究，複製動物的成功率已大大提升，科學家也可以在那些沒有法例禁止的地方秘密地進行複製人的

實驗，例如俗稱「飛碟教」的雷爾運動教派（The Raeliants）就於 2002 年宣佈首個複製人已經誕生，但迄今為止，未有公布複製人的身分，所以有人懷疑複製人並未成功。

複 製 人 的 步 驟

抽取被複製者體內的細胞，取其細胞核

將細胞核移植到一個去掉細胞核的卵子

用電擊或其他方法刺激其細胞分裂，形成胚胎

將胚胎移植到代孕母的子宮培養

除了因誤解複製技術所產生的憂慮，另一些擔憂也是過慮的，因為會發生的機會其實很低。比如說，有人會大量複製自己，出現了很多基因相同的人，降低了基因的多元性，不利於人類的生存；或者擔心獨裁者會複製一支完全聽命於他的軍隊，就像《星球大戰》電影的帝國士兵。我認為大量複製的問題是不會發生的，誰有興趣會大量複製自己呢？大量複製即是大量生育，這需要龐大的資源，誰有這個力量呢？況且目前正是人口過剩，能源短缺的時代，根本沒有可能。

讓我們將「複製人」留給有某些生育問題的夫婦使用,通常夫婦其中一方的遺傳基因有問題,例如遺傳病之類,而他們又渴望擁有跟自己有血緣關係的子女,複製人就是其中一個方法。從這個角度看,複製人是在家庭的保護下成長,跟一般人沒有分別,複製人也有人的尊嚴和權利,將複製人的器官作移植之用當然會被禁止,歧視或剝削複製人也是違反平等原則,道德上是錯誤的。但如果我們容許生育有問題的夫婦使用這種生殖方法,那麼,又是否容許父母複製死去的子女呢?但這樣有可能令複製人活在別人的陰影下,產生身分認同的問題。還有一種特殊情況,這跟醫療有關,例如子女患了白血病,找不到合適的骨髓移植,父母就可以複製子女的 DNA,生產一個弟弟或妹妹來拯救他。

我認為複製人主要有兩個問題,一個是健康,另一個是心理。先說健康,複製人跟複製羊 Dolly 一樣,會有早逝的問題,因為用作複製的細胞已有一定的年歲,DNA 會有所損壞。至於心理方面,雖然說在 DNA 上,複製人跟被複製者就像是雙生子,但雙生子是對等關係,複製人和被複製者卻不是,更像是一種從屬的關係,通常被複製者是複製人的家長,由於大家的基因相同,被複製者可能會對複製人有着特別的期望,比如說,被複製者是一位運動健將,他很可能期望作為複製人的兒女也一樣成為運動健將,這就有損複製人的自主性。

反對複製人的理由與反駁

反對複製人的理由	反駁
複製人的技術還尚未成熟,在研究的過程中一定會製造大量失敗的實驗品	可以先用動物做實驗,等到技術成熟才進行人類的複製
大量複製會降低人類 DNA 的多元性	大量複製出現的機會率很低
複製人會產生身分認同的問題	部分是源於誤解或歧視,複製人是一個獨立的個體

家庭結構

贊成人工生殖的其中一個理由就是人有生育的權利,但生育的權利並不限於合法的夫婦。如果不育夫婦容許使用人工生殖的方法;那麼,似乎也沒有理由禁止其他人使用,包括同性戀者或單身人士,因為他們也有生育的權利,例如現在英國和澳洲的同性戀者都有使用 IVF 的權利。有了科技的幫助,我們就可以充分行使生育的權利,包括要不要生育 (避孕或墮胎),何時生育 (可以先冷藏卵子或受精卵),使用甚麼方法生育 (體外受精、代孕母或複製人) 等。

長久以來,生育主要是在婚姻的關係內進行,但有了他精受孕和代孕母的生殖科技後,生育就可以獨立出來。比如說男同性戀者可以用代孕母的方法生產下一代,女同性戀者亦可以用他精受孕的方法得到子女,美國加州的奧克蘭市,就有一個專為女同性戀者提供服務的精子庫;獨身人士也可以用以上的方法得到孩子,

例如英國就有一名女子安娜，使用他精人工受孕，得到自己的孩子，建立一個名符其實的單親家庭。這些同性戀和單親家庭對現有的家庭制度會造成一定的衝擊，因為我們可以有不建基於婚姻的家庭制度。如果家庭制度改變，社會結構也會隨之改變，這究竟是好還是不好呢？還有，孩子在這些同性戀或單親家庭成長有沒有問題呢？他們會遭到同學的排擠或歧視嗎？

人工受精將性愛和生殖分開，代孕母則將生育和養育分開，而複製人更進一步，切斷了性和生殖的關係。複製人所產生的問題會更加複雜，首先，複製人有可能包含了代孕母，如果男性想複製自己作其兒子，他就一定需要代孕母的幫忙；換言之，代孕母所產生的問題在複製人也可能會出現。另外，複製人會影響原有的倫理關係，比如說用丈夫的細胞複製得到孩子，名義上這是他的兒子，但從基因的角度看，這像是跟他有着年齡差距的雙生兄弟；對妻子來說，這個兒子也像是她的小叔。若用妻子的細胞來複製的話，這個女兒也可以說是跟她有年齡差距的雙生姊妹；對丈夫來說，女兒也可以說是他的小姨，這樣會否造成人倫關係的混亂呢？

雖然義務代孕比商業代孕少了「勞資」的糾紛，但如果代孕母跟委託人有親屬關係，那麼所產生的倫理問題就更複雜，例如在美國的伊利諾州，身為母親的克里絲汀（Kristine Casey），由於不忍女兒多次流產，於是願意為其代孕，對孩子來說，這個將他生下來的人又是其外婆。對重視人倫關係的中國人來說，或許不能夠接受這些轉變。

不過，支持改變的人會說，人類的社會根本就是不停改變，也不斷進步，拒絕改變或許是有礙進步。從人類的歷史來看，我們是

從雜交到建立婚姻制度，由母系社會轉變為父系社會，從傳統的大家庭到現代的核心家庭，現在由於科技出現的人工生殖方法，不過是人類社會的另一次演進。但是，建立有別於異性戀的同性戀的家庭，或擺脫了婚姻的家庭模式（單身人士用人工生殖的方法得到孩子），正動搖着固有的家庭制度，這會否是家庭制度崩潰的先聲呢？將性和生殖分離的複製人技術可能會令「家庭」的觀念消失，這讓我想起了柏拉圖的理想國，那裏沒有家庭制度，孩子也不知道自己的父母是誰，所有孩子都是由國家撫養，每一個人的起步點都一樣，即使是女性，也可以通過教育成為統治者，用今天的話講，這是真正的機會平等；不過，難道不是家庭制度對孩子的成長更有利嗎？人工生殖開啟了社會實驗的可能性，廢除家庭會是人類未來發展的方向嗎？

總結

雖然科技能為我們解決問題，但往往又給我們帶來更多的問題，例如前面提到人工生殖到對家庭結構的衝擊。對人工生殖最大的反對聲音是來自宗教，特別是基督教，即使是現在大家都普遍接受的 IVF；但梵蒂岡的「宗座生命學院」院長 Carraso 卻極力指責 IVF 的發明者愛德華，更批評頒給他諾貝爾醫學獎是錯誤的決定，Carraso 認為，現在涉及精子銀行、卵子市場、胚胎研究等倫理問題都是源於愛德華發明的 IVF。也許科技發展得太快，我們的道德和宗教觀念還未追得上，以致產生這些爭議。人的生命

真的在受精的那一刻開始嗎？還是稍後靈魂才進入胚胎呢？反而伊斯蘭教少了這方面的問題，因為根據教義，靈魂是在受精的四個月後才進入胎兒的身體。

有人認為，科技是用來滿足我們的需要，不是慾望，需要是合理的，但慾望卻是無窮，會產生濫用或誤用的問題。但問題是，如何區分需要和慾望呢？比如說，女性為了避免懷孕對其事業的影響，於是使用代孕母的生殖方法，這是需要，還是慾望呢？至於複製死去的寵物或死去的孩子，又如何呢？看來有時並不容易區分，因為它總帶點主觀性，對某人來說是需要，但在另一個人眼中卻是慾望。不過，這並非說需要和慾望的區分毫無意義，例如日本有一位富二代重田光時，利用代孕母生了十多個孩子，這明顯只是滿足個人的慾望。

人工生殖可以為不育夫婦解決問題，但有了孩子，又渴望孩子符合我們的要求。事實上，在使用他精孩子、他卵孩子或代孕母這些服務時，我們已經對孩子有所要求，以他精孩子為例，我們選擇哪一位捐精者的精子，總會考慮捐精者跟委託人的相似性，例如身高、種族和樣貌，以避免將來出現孩子跟「父親」差異太大的尷尬情況。但既然可以選擇，尤其是要付錢，何不選擇更合乎自己的要求，比如說諾貝爾得獎者、奧運金牌運動員的精子或卵子。不過，有性生殖有點像抽獎，即使父親和母親在各方面都十分優秀，也不保證孩子也一樣優秀，要確保結果我們還有更厲害的科技，那就是基因改造，這正是下一章的題目。

關鍵字再思考　　人工生殖的倫理問題　複製人　家庭結構

克林姆屬於新藝術運動的分離畫派，特色是流暢線條配合裝飾性的畫面。雖然他的畫有很強的裝飾性，但卻無損要表達的主題。在這畫中，克林姆以女性來表達「人生三個階段」，這是因為女性代表着「生育」，強化了生生不息，不斷延續的信息，其中老婦跟背後的華麗圖案，及旁邊的少婦和小孩形成強烈的對比，讓人感到時光的流逝，「生、老、病、死」正是人生的必經階段。

《人生三階段》(1905)

作者：克林姆
原作物料：油彩
尺寸：180 x 180 cm
現存：羅馬國家現代美術館

7

基因改造

「教育不就是要造就優秀之人，那改造基因有甚麼問題呢？」

踏入二十一世紀，科技對我們的影響將會越來越大。在可見的未來，有兩種科技特別重要，一種是人工智能，另一種是生物科技，而基因改造正是生物科技中的表表者。

1909 年，丹麥生物學家約翰森（Wilhelm Johannsen）創造了 gene 這個字，中文是基因，用以指稱染色體上的遺傳信息單位，之後科學家就開始了基因的研究；到了 1953 年，克里克（Francis Crick）和華生（James Watson）這兩位劍橋大學的科學家成功發現了基因的分子結構，亦即是 DNA，揭開了生命的奧秘。DNA 即是去氧核糖核酸，存在於每個細胞核的染色體之中，人類共有二十三對染色體，每對中各一來自父母。染色體是由兩串 DNA 相配而成，形狀就像是一條扭曲的梯子，而每一個階梯是由含氮鹼基相接而成，含氮鹼基共有四種，分別以 A、T、G、C 四個英文字母代表，其中 A 與 T 相配，G 與 C 相配，這一串字母就構成 DNA 的序列，每個基因約佔有數千個含氮鹼基。

1972 年美國科學家伯格（Paul Berg）發明了一種基因剪輯技術，能夠將一段 DNA 從一物種轉移到另一物種，繼而改變物種的特性。1990 年，由美國政府主導，展開了人類基因圖譜的龐大計劃，目的是確定人類 DNA 的序列，找出每個基因的功能，解開生命之謎，這有助醫治跟遺傳有關的疾病，例如癌症、心臟病、阿滋海默氏症、帕金遜症等等。人類大概有十萬個基因（亦有人認為只有三、四萬個），而其中約五千個跟遺傳病有關聯。

目前基因改造的技術已經用於醫療和食物方面，但同時亦引起不少疑慮，例如，基因改造食物是否安全？改造人類基因又會否產生社會倫理的問題呢？本章會先對基因改造的各種用途作出說明，探討其中的問題，最後總結基因改造在人類文明演進的意義。

醫療與改進

人類很早就懂得通過配種來改良物種的品質，但這往往需要較長的時間，而且並非隨心所欲地改變物種的品質；但基因改造卻不同，當我們得知某個基因的功能，就可將它直接植入物種之中，取得我們所需要的效果，例如將抗農藥的基因植入農作物之中，那就可產生出不受農藥傷害的農作物。基因轉移可以跨越不同物種的限制，例如將動物的基因植入農作物之中，或者將植物的基因轉移到食用的動物之中。

複製技術跟基因改造其實有着密切的關係，成功複製第一隻羊的科學家威爾默表示，他之所以研究複製技術並不是為了複製人類，而是配合基因改造，製造治療疾病的藥物。首先是用基因改造的技術，改變羊的某一組基因，令羊奶產生一種特別的蛋白質，用來提煉新的藥物，然後就用複製技術，大量複製這隻生產特殊羊奶的羊，這樣就可以大規模製造新藥，造福人類。他的團隊後來複製了另外兩隻羊，一隻是 Molly，另一隻是 Polly，並將人類的凝血基因植入牠們體內，使羊奶產生凝血因子，用來治療白血病。

同樣道理，我們先對食用的動物和植物進行基因改造，提升其品質，例如有高營養價值的牛肉、能夠抵抗疾病或害蟲的穀物等，改善品質後就用複製技術大量生產，這樣我們就可以享用既有營養價值又便宜的食物。每年大約有四成的農作物損失是來自害蟲和病患，透過基因改造就可減少糧食的損失，有助解決糧食不足

的問題。目前我們已有很多基因改造食物，例如大豆、玉米、番茄和土豆等。有人擔心基因改造的食物會損害健康，當然不能排除這個可能性，但重點是有害健康，並非基因改造就一定有害健康。很多人由於基因改造不自然，就推論出基因改造有害或不道德，其實是犯了第二章所講的「訴諸自然的謬誤」。另一個擔憂是大量複製基因改造食物會有損基因的多樣性，亦有可能破壞生物鏈，影響生態的平衡。

基 因 改 造 的 好 處

醫療	治療遺傳性的疾病，修補基因，預防老化
糧食	改造食用動物和植物的品質，大量生產

基因改造的另一個好處就是用於醫療，例如在藥物方面，我們可以製造出醫治糖尿病的胰島素，方法是將人類胰島素的基因剪輯在大腸桿菌的 DNA 上，這樣大腸桿菌就能生產出胰島素，質量和產量都比動物胰島素好。又例如，為了杜絕蚊患（蚊子會傳播致命的日本腦炎和寨卡病毒），用基因改造培養出有生殖缺憾的雄蚊，跟雌蚊交配後所生的幼蟲一出生就會死亡。

目前科學家已研究出人造基因，將之植入老鼠體內，可以增強其肌肉，相信日後也可以注入人的身體，醫治肌肉萎縮症。科學家也成功從果蠅身上研究出一種跟記憶關聯的基因，將之注入老鼠的胚胎，製造出記憶力特強的老鼠，相信這種基因能夠治療阿滋海默氏症，俗稱「腦退化症」或「老人痴呆症」。應該不會有人反對基因改造的醫療用途，但如果是用作保健又如何呢？很多人在

年老時會出現肌肉萎縮或記憶力衰退的問題，如果我們從以上兩種基因提煉出保健藥品，修復肌肉和記憶的能力，這將會是一個龐大的市場。

可是，一旦基因改造跨越了醫療的界線，以改善為目標的話，就可能會導致不少問題，例如運動員使用基因改造的技術，增強體能，以求勝出比賽；又例如，學生以此提高智能，爭取更佳的學業成績。我們可能立刻想到這涉及公平的問題，運動員用基因改造來增強體能，不就是跟打類固醇一樣，違反了競賽的公正性嗎？但如果基因改造技術是對所有人開放，任何人都可用此來提升能力的話，那就沒有不公平的問題。不過，這可能會破壞運動的價值，我們之所以給予優勝運員崇高的榮譽，就在於他需要艱苦練習和堅強意志才能取得成功，若運動員依靠基因改造就能有優越的表現，我們就不會那麼重視他們的成就。

這又回到上一章我們對「需要」和「慾望」區分的討論，如何在兩者之間劃一條明確界線呢？我們可以說醫療是需要，改進就是慾望嗎？我記得讀小學時是以成績來編班的，A 班是最好成績，而F 班是最差，稱為特別班，這班的人數只有普通班的三分之一，而且課室內有很多玩具，老師說這一班的學習能力有待改善，後來才知道，其實 F 班就是注意力不足或過度活躍的學生，現在是屬於治療的範圍，由此可見，治療和增強之間的界線是浮動的。當然，沒有明確界線並不是沒有約略的界線，比如說眼盲或耳聾就應屬於醫療的範圍；不過，亦有人挑戰這個界線，美國有一對女同性戀者是失聰人士，她們想要一個也是失聰的孩子，終於找

到一個五代都是先天失聰的精子捐贈者，用人工生殖的方法，真的生下了一個失聰的孩子，她們認為失聰不是一種缺憾，反而是一種認同。

需要 VS 慾望

需要		慾望
←		→
醫療	保健	改進

新優生學

有人認為，與其用基因改造的技術來治療或改善，倒不如在胚胎階段就做好基因編輯的工作，這樣就能生出既聰明又健康的嬰兒。但目前我們還未充分掌握基因的功能，貿然編輯人類的基因會有很大的風險。2018 年基因科學家賀建奎在香港舉行的第二屆人類基因編輯高峰會上，宣稱基因編輯的嬰兒已經成功誕生，他使用基因編輯技術，簡稱 CRISPR，剪掉了一段名為 CCRS 的基因，令嬰兒先天就對愛滋病具有免疫力。這個做法最大的問題是 CCRS 基因可能還有其他功能，對嬰兒的健康造成一定的風險。還有，這個實驗並非出於醫治上的需要，因為第一，現在預防孩子因遺傳感染愛滋病已十分有效，不用多此一舉；第二，雖然女嬰的父親是愛滋病帶菌者，但已接受治療，不會將病毒傳染到母親，換言之，嬰兒根本不可能因遺傳而染上愛滋病。當然，

這並不表示應該禁止人類基因改造的研究，而是不應急於求成，要先認識可能的風險及有關的影響，並在道德問題上取得一定程度的共識。

假設現在我們已經解開了基因之謎，認識基因的功能及它們相互之間的關係，也用動物做了相關的實驗，確保基因改造不會對人類產生醫學上的嚴重風險，那麼，我們是否就可以編輯人類的基因，生產智能和體能都優質的孩子呢？不妨稱之為新優生學。簡單來說，優生學是用人為的方法改良基因組成，既然有新優生學，當然有舊優生學，在二十世紀初十分盛行，例如美國的印地安那州就於 1907 年立例，強制精神病患者、罪犯和貧窮人士絕育，後來有二十多州跟隨，目的是消除有「缺憾」的基因。德國的希特拉 (Hitler) 上台後，不但推行絕育法，更以優生之名進行種族滅絕，由於納粹的暴行，令優生學蒙上污名，戰後優生學也快速退卻，強制絕育的法例亦一一被推翻。

很多人之所以反對基因改造孩子，就是因為優生學過去有不光彩的一頁。不過，新優生學跟舊優生學有很多不同之處，舊優生學是以政府之名，用強制的手法推行，那其實是極之粗暴，侵犯着人的基本權利；新優生學卻不同，它不是強制性，而是市場導向的，沒有違反人的自由權利。如果剔除人類的不良基因，消除遺傳上的疾病，沒有了血友病、唐氏綜合症、地中海貧血病等不是好事嗎？甚至加入優良基因，產生智能和體能都十分優秀的基因改造人，生育更優良的下一代有甚麼問題呢？

舊優生學	新優生學
起源於二十世紀初	將會興起於二十一世紀
透過配種及絕育的方式，保存優良的基因，去除有缺憾的基因	用基因改造的方法，剔除有問題的基因，改善基因的質素
由政府主導，採用強制的手段如立法	由市場主導，自願參與

當然，問題還是有的。首先，有人認為如果可以訂造孩子的話，孩子彷彿就成為了工具，有損其自主性；這種說法有一定的道理，但即使是自然生育，父母也可以將孩子當成工具，例如傳統上，中國人就有所謂「養兒防老」的觀念；在那些超級富豪的家庭，「生仔」也可以多分些家產。其實大部分父母都是根據心中的理想來栽培子女，比如說食用甚麼牌子的奶粉、選擇哪一間幼兒園，或是參與甚麼課外活動，跟透過基因技術提升孩子的質素，增強他們的優勢又有甚麼分別呢？但我所擔心的是，它有可能帶來一場惡性的競爭，就以香港為例，父母為了培養孩子，增加他們將來的競爭能力，就已經有所謂「贏在起跑線上」的說法，一旦引入了基因改造技術，那就變成了「贏在出生線前」。在這場「軍事競賽」上，最終的輸家將會是經濟能力較差的中低下階層，因為只有上層階級才能付出昂貴的基因改造費用，這就會產生惡性的循環，最後社會可能出現兩極化，一邊是擁有優質基因的上層階級，另一邊是沒有錢支付基因改造的下層階級。但亦有人認為這是過分憂慮，因為隨着科技的進步及普及使用，基因改造的成本將會大大降低，這跟乘搭飛機和手提電話一樣，最

早出現的時候只有富有的人才可以負擔，但慢慢價錢就會下降，最後普羅大眾都可以使用。

有人認為，基因改造孩子比起其他人工生殖的方法更損害生育的意義，本來孩子是一種恩賜，就像是一份來自上天的禮物，孩子的特質不可預知，父母對孩子關愛的一種表現方式就是認識孩子的潛能，並幫助他發展；但基因改造將孩子變成了產品，父母可以根據自己的喜好訂造心儀的孩子，孩子的特質早就知道，父母對孩子反而會變得冷漠，損害了親子之情，社會上也少了對「缺憾」和「差異性」的理解和包容。還有，一旦容許基因改造，反而會增加父母的責任，因為父母要為孩子是否進行基因改造，或做甚麼樣的基因改造作出選擇，弄不好的話會遭受孩子的埋怨，例如「我之所以成績不好，就是當初你沒有為我選擇智能基因的改造」。

基因改造的限制

其實我對基因改造的效能十分懷疑，因為根據觀察，很多資質極佳的人，也要經過後天的不斷努力才會有所表現，基因決定只有一定的程度。這令我想起了《變種異煞》這部電影，故事講述在未來世界已有基因改造技術，主角沒有經過基因改造，是自然生產出來，而他的弟弟則接受基因改造，智能和體能都比主角優

勝，小時候兩兄弟比賽游泳，結果是主角勝了，還拯救了遇溺的弟弟，自此他相信憑着努力和堅強的意志就可克服困難，不斷進步。很明顯，這套電影是反對基因決定論。

我相信基因只能決定人的樣貌、健康、智能和體能，並不能決定人的意志力；基因改造可以消除人生理上的缺憾，卻無法消除性格上的缺點，如自私、嫉妒、自大，缺乏同情心等。況且，個人的健康、智能和體能也有後天環境和個人努力的成分，不完全是先天的決定，即使是天資極佳的運動員如米高・佐敦（Michael Jordan），也要經過後天的磨煉，包括技術和心理質素，才能有這樣卓越的表現；一個體能和智能都優越的基因改造人，遇上意外也可能會變成殘障，就像《變種異煞》中被主角取代身分的那個人。事實上，很多人憑着後天的努力，克服了先天的缺憾而取得驕人的成就。

如果「完美」是指智能和體能方面，那基因改造很有可能創造一個完美的人；但如果「完美」是包括性格和品德方面，我認為那正是基因改造的限制所在。一個人能否在社會上取得成功，性格和品德往往起決定性的作用，比如說能抵抗逆境的堅強性格就很重要，而堅強的性格很大程度是後天培養出來的。

此外，並非每個基因都只有一個功能，一個基因可以有多種功能，或者同一件事是由不同基因合作而成；有時也很難說某個基因是好，還是差，以造成鐮狀細胞型貧血（Sickle cell anemia）的基因為例，其實這個基因具有抵抗瘧疾的功能，那麼修復這個基因就會增加染上瘧疾的風險。又例如自閉，或許自閉跟基因也有

關係，但自閉真的是一種疾病嗎？很多天才都是自閉的，正由於自閉，他們才可以排除其他不必要的干擾，專注於他們想做的事。

還有，健康和智能有客觀的標準，但美卻沒有，金髮、藍眼、白種一定比黑髮、啡眼、黃種美麗嗎？看來基因改造背後也潛在種族歧視。

基因檢測

對人類進行基因改造，產生優良的人種，似乎還是十分遙遠，但其實基因測試已經悄悄地開始了。IVF 這種技術除了解決不育的問題，還有一個醫學上的功能，就是在胚胎未移植到子宮之前，進行基因檢測，看看有沒有遺傳病，如果有的話，就由母親決定是否將胚胎移植到子宮。當然，大部分人都會放棄那些有缺憾的胚胎；但我們可否選擇胚胎的性別呢？有時為了嬰兒的健康是容許的，例如血友病的家庭可以選擇女嬰，因為血友病遺傳到男孩的機會高於女孩。有些國家為了「家庭性別平衡」也容許性別選擇，例如一個已經有三個兒子的家庭，父母很希望下一胎是女兒。

現在人類基因圖譜的序列已經完成，下一步就是確定每個基因的功能，一旦我們解開 DNA 隱藏的生命之謎，在一個人未出生之前，就可以預知他先天的健康狀況，例如有沒有遺傳性的疾病，會出現某種疾病的機會有多大，這樣就可以做好預防和治療疾病

的工作。隨着科技的進步，基因測試的費用將會大大降低，相信未來做基因檢測就像現在驗血一樣普及。那麼，為了市民的健康，政府可以強制進行基因測試嗎？但並非所有遺傳性疾病都能醫治，知道了自己有很高機會患上某種疾病，可能會活在恐懼之中，一個著名例子就是美國女星安祖蓮娜祖莉（Angelina Jolie），透過基因檢測，她知道自己有引發乳癌的基因，而事實上，她的家族有很高乳癌病發的機會率，安祖蓮娜祖莉的做法是先切掉乳房，杜絕患乳癌的可能性，我不敢評論這種做法是否妥當，但可以肯定的是，她一直受着乳癌陰影的困擾。

基因檢測也涉及私隱的問題，政府或僱主有沒有權知道你的檢測結果呢？買保險時需要提交你的基因檢測報告嗎？如果基因檢測報告顯示你患某種疾病的機會率很高，那保險公司可否要求你繳交較高的保費，或拒絕承保呢？基因檢測也可能導致基因歧視的問題，過往我們有性別歧視和種族歧視，未來的社會有可能存在基因歧視，特別是如果我們容許基因改造的話，因為「優質基因」和「劣質基因」的距離會越來越大。就以前面提到《變種異煞》這部電影為例，主角小時候接受基因測試，測試結果是注意力不足，有很高機會患上心臟病，預期壽命只有三十歲，他自少的夢想是做航天員，但社會存在基因歧視，所以他只能夠當清潔工，在機緣巧合之下，他才得以更換身分，成功當上航天員。

基因檢測

胚胎篩選

基因改造

科技問題

有人認為，複製之所以錯誤是我們扮演着上帝的角色，但扮演着上帝的角色究竟是甚麼意思呢？問題又在哪裏呢？複製是無性生殖，理論上可以複製任何一個人，這是否表示人有着上帝般的能力——創造人類？科技是力量，人類的科技越進步，力量也越大，責任亦越大；因為一不小心，科技可能帶來災難性的後果，核武就是一個很好的例子。但人類卻欠缺上帝的智慧和慈愛，犯錯是不能避免的，當你擁有巨大的力量時，所犯的錯可能會產生嚴重的傷害。這種擔憂有一定的道理，但有人認為科技本身是中性的，複製是否合乎道德的關鍵不在於技術本身，而在於誰有權使用這種技術，及目的是甚麼。

不過,亦有人認為科技不是中性的,人類始終是不能抗拒科技巨大力量的誘惑,總是躍躍欲試。當科技加上經濟利益,那力量就更大了,正如前面提到的代孕母產業就是一個很好的例子。又例如,雖然我們知道全球暖化的後果可以是災難性的,但卻無法在短期內作出改變,比如說停止使用產生溫室效應氣體的能源,因為這會損害經濟,我們的經濟比氣候更脆弱。

對於科技,有兩種完全相反的態度,一種認為科技的發展會為人類帶來進步,最終解決一切問題,建立一個理想的社會,可稱之為科技烏托邦,即使現在我們受環境污染和能源短缺等問題所困擾,但很多人還是寄望科技的發展給我們解決這些問題。早於十六世紀,英國哲學家培根(Francis Bacon)就提出了這樣的烏托邦,他在《新亞特蘭蒂斯》(*The New Atlants*)一書主張一個由科學家組成的團體,叫做所羅門之家,通過醫藥和技術的研究,建造理想的社會。

相反,有人對科技的發展持悲觀的看法,認為科技會帶來烏托邦的反面 —— 反烏托邦。例如赫胥黎於 1932 年寫的小說《美麗新世界》,就描繪了一個在 2540 年以科技全面監控的社會,政府利用試管培植胚胎,製造不同能力和等級的人類。這部小說挑戰了一個假設「科技發展總是好的」。這種擔憂有一定程度的合理性,因為前車可鑒,工業革命雖然帶來經濟發展,但亦造成環境污染的問題;基因改造這種科技對人類的影響就更加深層和廣泛,它可能會顛覆人類的社會結構和人跟自然的關係。

人類對科技的恐懼最早出現於十九世紀，可以雪萊（Mary Shelly）的《科學怪人》（Frankenstein）為代表，小說中的瘋狂科學家做了一個創造生命的實驗，他將死人屍體的不同部位結合成一個人，成功賦予生命，但這個科學怪人卻對人類造成威脅。有人擔心今天的基因改造可能會創造出毀滅人類的怪物，就像《異形》系列第五部《普羅米修斯》中的外星人，創造了異形這種殺人的怪物。普羅米修斯是希臘神話的天神，由於偷取火種給人類使用，被眾神之首宙斯懲罰，自此「普羅米修斯」這個名字就象徵着人類對科技的渴求，而《科學怪人》這部小說的副題正是「現代的普羅米修斯」。

雖然有人擔心這種改造自然慾望的優生學，會產生當年納粹黨的惡行，但我認為這種擔心是過慮的，強迫弱智人士和精神病患者絕育，殺害同性戀者和猶太人，都是違反人的基本權利，在今天人權高舉的現代文明社會，以優生之名，行邪惡之事，根本是不可能的。不過，值得擔心的是這種生物科技操控在少數人手上，由於生物科技能帶來巨大的經濟利益，若缺乏制衡的力量，後果可能會很嚴重。基因科技可以有效管理嗎？就像禁止複製人研究一樣，這涉及國際共識，也避不開政治的因素。

科技可以改善我們的生活環境，令我們生活得更舒適和方便，但卻不能賦予人生的意義，因為科學只能處理事實問題，不能解答價值問題，人生有甚麼意義？人該如何生活？這些都是價值的問題。前面提到《美麗新世界》這部小說，雖然說這是反烏托邦，但從另一個角度看，這是人人生活愉快，沒有疾病的社會，各種

需求都得到滿足，連宗教也不用存在。不過，當人類不必努力奮鬥，無須感受痛苦時，似乎也喪失了人類的尊嚴。一直以來，宗教是生命意義的主要來源；沒有了宗教，是否表示人不再需要尋求生命的意義，或是科技可以改變人性呢？

總結

我認為基因改造可以令我們重新思考生命意義的問題，如果將生命意義理解為人生目的，那麼，問「生命有甚麼意義」也即是問「人生有甚麼目的」；而「人生有甚麼目的」的其中一個答案就是「追求卓越」，例如做一個出色的運動員、傑出的科學家、成功的企業家等等，而智能或體能都是取得成就的必要條件。那麼，用基因改造生產智能和體能都優質的孩子似乎沒有甚麼問題，人類的整體成就將會大大提高，試想想，如果我們可以用基因改造來治療霍金的肌肉萎縮，那麼，他可能會有更大的成就。

不過，除了智能和體能之外，我們也可以在品德上追求卓越，雖然人的心理和性格跟基因有一定的關係，但似乎對品德的影響比較少，品德主要是靠後天的培養，比如說勇敢、堅強、誠信、公正等等，要在社會上跟人互動才能發展出來的，由此可見，至少人的品德不可以靠基因改造來達致。相反，基因改造會損害某些道德價值，例如謙遜，就像《變種異煞》這部電影中主角的弟弟，

正是一個傲慢的人，一個能靠基因改造不斷提升能力的人，很有可能變成一個缺乏同情心的傲慢家伙。

生命意義的另一個意思是指生命的價值，也涉及人和人之間的關係，容許基因檢測，選擇胚胎，甚至基因改造，那是否表示有些生命比另一些生命更有價值，有些生命比另一些生命更值得生存？誰有權去判定呢？這很容易令人聯想到納粹的暴行，但兩者有一個很重要的分別，納粹殺的是真正的人，基因檢測只不過是篩選有缺憾的胚胎，一個不足十四天的胚胎很難說有着跟人一樣的道德地位。目前有關人類胚胎研究，似乎達成了共識，只允許使用「體外受精」的多餘胚胎，或由複製技術得出來的胚胎，並且以十四天為分界線，必須在十四天前將胚胎銷毀。雖然幹細胞研究有很大的醫學價值，但在道德上仍存在着爭論。

幹 細 胞 研 究 的 爭 議

幹細胞的來源	反對的理由
用複製技術製造胚胎，胚胎不是來自受精卵	刻意製造一個生命，並且為了其他目的殺害這個生命，是極之不道德，即使為了崇高目的
使用體外受精的多餘胚胎，反正這些胚胎也要銷毀，事前也不知道那些胚胎是多餘的	體外受精這種人工生殖方式根本就不道德，因為要銷毀有生命的胚胎

其實我並不反對基因改造，記得讀小學時有所謂「德、智、體、羣、美」五育，如果透過基因改造提升了人的智能和體能；那麼，我們就可以集中資源培養學生的德、羣、美，這不是更好嗎？未來是很難預測的，因為它充滿各種可能性，也許基因改造

對人類的影響並沒有想像中那麼大。個人認為，基因改造有一定的限制，如果未來人類要提升能力，更有可能是跟電腦結合，變成改造人，也是所謂「後人類」，著名政治學者法蘭西斯・福山（Francis Fukuyama）就針對基因工程對人類的影響，寫了一本書叫做《後人類未來》（*Our Posthuman Future: Consequences of The Biotechnology Revolution*）。

關鍵字再思考　　**新優生學　基因編輯　幹細胞研究**

馬蒂斯是野獸派的代表人物，野獸派的理念跟表現主義剛好相反，馬蒂斯主張色彩要愉悦我們的視覺，藝術要表達生命的美好事物。在這張畫中，馬蒂斯就用了像糖果般的繽紛的色彩，例如粉紅、金黃、橙紅和粉翠綠等，配合簡單優雅的線條，營造出一個人間的天堂，我們可以看到畫中有人在跳舞、吹笛、接吻、優閒地躺着等等，展示出生命愉悦的一面。

《生之喜悦》(1905-1906)

作者：馬蒂斯
原作物料：油彩
尺寸：175 x 241cm
現存：美國班士基金會

8

器官移植

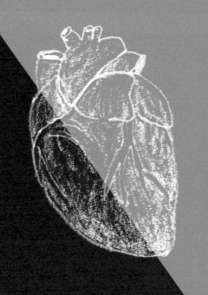

「若將頭部移植到另一個身體，這是屬於頭部那個人，還是身體那個人呢？」

根據《列子》的記載，中國古代神醫扁鵲早就為病人做過換心手術，他診斷出一位病者齊嬰的問題是「志弱氣強」，而另一位病者公扈剛好相反，是「志強氣弱」，於是施以麻醉藥，剖開他們的胸部，將兩人的心臟交換，使雙方的志氣得到平衡。當然，這只是傳說，恐怕也不是事實，但最早道出了器官移植的觀念，難怪在 1987 年美國召開的第一次器官移植的國際會議上，會以扁鵲的畫像為徽章。

相傳公元前六百年的古印度已有醫生將病人手臂的皮膚移植到其受損的鼻子上，雖然組織有別於器官，但這種植皮手術可謂器官移植的先驅。人類第一次成功的器官移植發生在 1954 年，美國波士頓一間醫院利用病者雙生兄弟的腎臟，為他進行了移植手術。隨着醫藥的進步，器官移植的手術也不斷改良，亦有越來越多的器官可作移植之用，除了腎臟，還有心臟、肝臟、胰臟、眼角膜、骨髓及肺等等。器官移植的成功主要取決於三種技術，第一是血管接駁手術，第二是器官保存，第三是免疫抑制劑。

器 官 移 植 的 技 術

保存器官	器官摘取之後，必須保存新鮮，並在短時間內進行移植
接駁血管	器官移植到受者就要立刻接通血管，確保血液輸送無阻，這是外科手術
免疫抑制	器官移植後，要避免人體免疫系統的排斥，需要使用免疫抑制劑，這涉及免疫學

雖然器官移植的技術相當先進，但問題是器官的供應卻嚴重不足，很多病人等不到器官就已經離世。以香港為例，根據醫管局的數字，直至 2021 年 3 月 31 日，全港有二千三百零一人輪候着腎臟移植，但平均每年只有約六十至七十宗腎臟捐贈。由於器官供應緊絀，如何分配就十分受人關注，是按輪候的時間、病情的嚴重性，或是康復的機會，還是年紀呢？需要考慮社會和經濟背景嗎？那些已經進行了一次器官移植的病人，是否也有相同的機會呢？這涉及分配公正的問題，公正是醫療倫理的四大守則之一。當然，更重要的是開拓器官供應的來源。

1967 年，首次心臟移植手術成功在南非進行，但由於醫生在供應者心臟未停頓之前就取出了心臟，引致指責和有關死亡定義的爭論。美國醫學會於 1968 年將「死亡」定義為腦死亡，自此很多國家就以腦死為標準制定器官移植的法案。本文主要會討論器官移植的各種來源，包括捐贈、買賣、墮胎、死刑、安樂死、人造器官、基因改造、幹細胞培植等，及相關的問題。

捐贈問題

在香港，移植器官的來源主要是捐贈，而捐贈有兩種，分別是遺體捐贈和活體捐贈，通常活體捐贈以親人為主，一來有血緣關係器官的排斥機會較低，二來只有親人才願意作出這樣的犧牲。活體捐贈比遺體捐贈好，因為可以縮減等待的時間，也可以作充分的移植準備，對捐贈者和接受捐贈者都有好處。但有些器官是不能夠作活體捐贈的，例如心臟，因為人沒有心臟就一定會死；有些器官有再生能力，例如肝臟，但只能回復八成；雖然腎臟可以作活體捐贈，因為人只有一顆腎也可以存活，但總覺得少了完整性。

記得幾年前香港發生了一宗跟器官移植有關的事件，引起了社會廣泛的關注。當事人是鄧女士，由於急性肝炎，需要進行換肝手術，她的女兒希望捐出肝臟，拯救母親的生命；但當時她尚差三個月才滿十八歲，未達捐贈器官的法定年齡。究竟我們應否放寬

捐贈器官的年齡，或是特事特辦，通過立法容許這次的捐贈呢？
但事情沒有這麼簡單，即使修改法律，容許十七歲人士捐贈器
官，但香港的法例規定，未滿十八歲人士進行手術要得到家長的
同意，而鄧女士當時已昏迷，況且她是捐贈的受益人，有利益衝
突之嫌。當然，法律的規定是為了保障兒童和青少年，因為他們
的心智尚未成熟，傾向感情用事，容易受人操控，也未必充分理
解捐贈對他們健康帶來的影響。不過，西方不少地方已定下非成
年人捐贈器官的法例，例如英國、比利時、挪威和瑞典都容許未
滿十八歲人士進行活體器官捐贈；但不同的地方會有不同的規
定，有的要得到家長的同意，有的要得到法院的批准，有的只可
以捐贈給親人。無論如何，放寬捐贈器官的年齡可以增加器官的
供應。

活體捐贈雖然是拯救生命的無私行為，但捐贈者需要承擔一定的
風險，包括手術本身、手術後出現的感染和併發症等等，這也可
以說是醫療倫理中「不傷害原則」和「行善原則」的衝突。器官捐
贈能拯救生命，這符合行善原則，但器官捐贈對捐贈者帶來的傷
害卻違反了不傷害原則。當然，捐贈者也必須是在知情同意之下
做捐贈的決定，這樣才符合「自主原則」，包括認識到器官移植的
風險，及可能對他造成的傷害。若器官移植真的對捐贈者造成傷
害，做好事卻付出了這樣的代價，又是否違反了「公正原則」呢？
為了符合公正，我認為必須為捐贈者購買醫療保險，也要支付因
手術而無法工作的損失。

為了增加器官的供應，有人主張如果生前不作聲明的話，就假定
死後要捐出器官，這稱為「默認制度」，目前很多西方國家都採用

這種制度。但如果家人反對的話又如何呢？是強制地執行嗎？這可能會引起法律的訴訟。在香港，即使死者生前簽署了捐贈卡，但若家屬反對捐贈的話，也不會強制地執行。有人甚至更進一步，主張強制人死後要捐出器官，他們認為人死後就一無所有，屍體只會爛掉，為甚麼不用來幫助有需要的人呢？這種想法的原意是好的，但卻明顯違犯人的權利，這亦涉及到遺體的地位，究竟是遺產？垃圾？還是沒有用的東西？誰有權擁有或有責任處理呢？

過去我們是以心臟停止跳動為死亡的標準，但由於現在已經可以用人工的方法維持心臟的活動，所以現代醫學更改了死亡的定義，將死亡界定為腦死亡，但其中一個原因恐怕是趁器官還運作良好時作移植之用。第一章我們討論過佛教對死亡的看法，死亡是一個過程，人斷氣之後，要經歷一段時間靈魂才完全離開肉體，一般是八小時，可能會長至一天，所以傳統上人死了之後要守夜，在這段時間內，人還是有意識的，但不能表達。如果佛家對死亡的觀點是正確的話，在這段時間內作器官移植就會給當事人帶來極大的痛楚，因為他的意識還未離開肉體。如果是自願捐出器官還好，但若是不同意的話，會對他造成更大的傷害。當然，這並不表示不可以捐贈，或不應捐贈，但捐贈者要持利他之心，那就容易忍受痛楚，而接受捐贈者則應抱着感謝之心，這樣才可減低器官的排斥反應。

雖然說器官捐贈不足是全球現象，但有些國家做得比較好，西班牙的器官捐贈率就一直是世界的首位，能夠獲得器官移植的病人高達 90%，這是因為該國在招募上做了不少功夫。西班牙早於

1979 年就實行了器官捐贈的默認制度,建立專門負責器官捐贈和移植的機構,培訓相關的醫護人員,特別是跟潛在捐贈者及其家屬保持良好溝通,更重要的是,整個捐贈和移植過程都十分透明化,消除了不少疑慮。香港是華人社會,受儒家「身體髮膚,受之父母,不敢毀傷,孝之始也」的思想影響,多數人仍保存「全屍」的觀念,反對死後捐出器官,要改變這種根深蒂固的觀念並不容易。

增加器官捐贈的方法

降低捐贈的年齡	訂下相應的法規如要得到父母的同意,或只能捐贈給近親
遊說潛在的捐贈者	加強醫護人員的訓練,跟捐贈者及其家屬保持良好溝通
推行默認制度	如果生前沒有聲明,則假定同意死後要捐出器官
捐贈和移植的制度透明化	獲取市民的理解和信任

買賣問題

器官屬於稀有資源,在目前求過於供的情況下,自然有黑市交易,做買賣器官的勾當,有些地方甚至販賣死囚的器官。1982 年,第四十二屆世界衛生大會通過了防止人體器官買賣的決議,大部分國家都明文禁止器官買賣,例如美國於 1984 年就制定了《國家器官移植法》(*National Organ Transplant Act*),禁止器官的

買賣。但在那些相對落後貧窮的國家，執法就不是那麼嚴厲，造就了黑市交易，而那些住在富裕國家，急於移植器官活命的人，就會去這些貧窮國家進行器官移植手術，催生出所謂「器官移植旅遊」，彷彿是貧窮國家為富裕國家的人民提供器官，有人認為這正是富裕國家對貧窮國家的剝削。當然，器官買賣也不一定是黑市，例如在印度，器官買賣是容許的，但由於吸引了太多外國人來做器官移植，印度政府於 1993 年立例禁止將器官移植給非印度公民。

通常黑市交易對買賣雙方都沒有甚麼保障，而且中介會謀取暴利，比如說美國人要購買一顆腎，通常要付出十多萬美元，但提供腎臟的貧國人士，只得數千美元的報酬，有些地方甚至更低。有人認為既然如此，倒不如由政府來監管買賣，那就可以將價格控制在合理的範圍，不單是富人才有能力購買器官，連一般人都可以負擔，而且賣器官者也可以得到更好的醫療保障。這種形式的器官買賣可稱為「有償的捐贈制度」，付錢給捐贈者只是金錢上的補償，並不是購買器官的費用。但不論怎樣稱呼也好，「願意」捐出器官的還是貧窮人士，所以有人認為器官買賣必定是富人對貧者的剝削，貧窮人士有時為了還債或支付子女的學費，不得不選擇這個方法，也許這是一種帶有被迫性的「自願」。目前伊朗和新加坡都實行了類似的制度，伊朗早於 1988 年就推行了這種「有償的捐贈制度」，由政府資助一所慈善機構負責安排器官移植，由於有政府的監管，既沒有中介的剝削，「捐贈者」又得到醫療的保障，亦解決了器官供應短缺的問題，伊朗這種制度似乎是頗為成功。

有人認為，如果每個地方都採用這種制度，那就可以杜絕所謂「器官移植旅遊」，減少了富裕國家對貧窮國家人民的剝削。這種制度雖然在伊朗成功，但未必在其他地方也一樣成功，伊朗還是貧窮落後的地方，所以很多人願意通過這種有償的捐贈制度改善生活；但對於富裕的社會來說，就不是那麼有吸引力，我們且看新加坡的經驗如何。

不過，亦有人認為有償的捐贈制度只不過是變相的器官買賣，而買賣器官會降低人的尊嚴，就好像過去販賣奴隸一樣。金錢交易也會損害「捐贈」的利他價值，可以說是金錢對道德價值的侵蝕。舉個例，美國以為推行了血液買賣的市場，就可以增加血液的供應，但整體的血液供應反而比以前少，原因是金錢交易損害了捐血的利他意義，少了人願意捐血。可是，不同於捐血，器官捐贈本來就嚴重不足，而大部分活體捐贈都是給予近親，所以容許器官買賣不會對捐贈產生甚麼大影響，某程度上也確實能增加器官供應的數量。

也有人會質疑，既然我的器官屬於我，為甚麼捐贈可以，卻不可以買賣呢？這明顯是一種自由主義的思想。不錯，人對自己的身體有自主性，但也不是絕對的，特別是當我的自由帶來他人的傷害或不便時；然而，器官買賣的傷害者主要是售賣器官的人，如果當事人是自願，既能拯救生命，又傷害不到其他人，為甚麼不可以呢？如果只從個人角度看，似乎沒有甚麼問題，但若器官買賣成為一種制度時，就勢必對社會產生影響，令窮人有售賣器官的壓力。

贊 成 VS 反 對

贊成	反對
人對身體的器官有自主性，所以有權販賣自己的器官	販賣器官是將人看成只是工具，損害人的尊嚴
容許器官買賣可以增加器官的供應，解決供應不足的問題，對社會整體有利	販賣器官會損害利他的價值，減低人捐贈器官的意欲

墮胎、死刑與安樂死

美國有一對夫婦為了醫治患了白血病的女兒，決定再生一個孩子，用她的骨髓來移植，拯救姊姊的生命，結果他們成功了，但有人批評這種做法，並質疑若骨髓不適合移植，是否會墮胎呢？我們可以想像另一個情況，比如說太太為了拯救丈夫的生命，故意懷孕，以墮胎取得胎兒的器官作移植之用，如果胎兒是人的話，那就是為拯救一個生命而故意殺害一個生命，在道德上是不容許的，如果是為了金錢利益販賣胎兒的器官就更加差。但若是合法的墮胎，那麼胎兒也可以是移植器官的一個來源。為防止以上的情況發生，墮胎的決定和捐贈的決定應分開處理。雖然全世界每年有數以千萬計的墮胎，但相信適合作器官移植的不會太多，主要取決於胎兒的成長程度，越後期的器官越成熟，也越適合移植之用；但越到懷孕後期，墮胎也越危險，而且數量也會少很多。

有人不但贊成死刑，更主張摘取死囚的器官，以作器官移植之用。作為遺體捐贈的來源，一般來說，死囚的器官有較佳的質素，因為通常的遺體捐贈者都是因病或遇上意外而死，很多時候器官都不適合移植之用，死囚的健康狀況會比較好，而且我們明確知道死囚何時處死，在安排上有充分的時間做準備。不過，即使是死囚，也有其自主權，強制摘取其器官是違反人權的。當然，我們也可以說人權不是絕對的，死刑不就是侵犯人的生命權利嗎？有人認為，對於那些惡貫滿盈的罪犯，死刑也不足以抵銷其罪，應加上摘取器官作移植之用，給社會一點補償。我認為這是一種危險的思想，因為它提供了誘因令我們傾向判處罪犯死刑。

當然，如果死囚是自願捐出器官，那就沒有問題。不過，問題是大部分執行死刑的國家都是人權得不到充分保障的地方，即使死囚同意捐贈器官，有關程序和資料也欠缺透明，令人懷疑死囚有可能是「被自願」捐贈器官，亦有人質疑死囚是被活摘器官之後才死的，或進行黑市買賣。在中國內地，若死囚的屍體無人認領，或經家屬同意，醫院是容許取其器官作移植之用。面對器官買賣的質疑，內地政府於 2007 年頒布了《人體器官移植條例》，在法律上明文禁止器官買賣，及外國人到中國進行所謂「器官移植旅遊」。

除了死囚之外，遺體捐贈的另一個來源是安樂死，包括主動和被動安樂死，從器官移植的角度，主動安樂死比被動安樂死更有利，因為醫護人員可以預先準備，待病者注射藥物死亡後立刻進行器官移植，增加成功的機會。而安樂死病者是否適合作器官移

植，這跟他們所患的病有着密切的關係。如果患的是癌症，那就不適合器官移植；如果是認知障礙症或精神病，病人的器官通常都是健康的，那就較適合作移植之用。不過，若太強調利用安樂死來提供器官，可能會造成社會壓力，在拯救生命的名義下，「迫使」更多病患人士尋求安樂死。

有一位住在喬治亞州患了肌肉萎縮症的病人叫菲布斯（Garry Phebus），就願意在安樂死後捐出器官，雖然還可以多活二十多年，但他認為患了此病就等於判了死刑一樣，與其讓身體繼續惡化，不如趁器官還運作良好時用來救人。亦有人擔心這種「器官捐贈的安樂死」會產生滑坡效應，擴大安樂死的範圍，就連那些年老人士、長期病患者，甚至生活不如意的人都會訴諸安樂死，藉拯救生命的之名來結束自己生命。另外，醫護人員也可能會過於積極地聯繫潛在的捐贈者，對他們造成滋擾。

至於被動安樂死，那是對治療無效的病者不作施救，或解除其維生系統，讓其自然死去，例如末期病患者及植物人。從器官移植的角度看，通常植物人比末期病患者更有價值，因為末期病患者大都患有如癌症、高血壓、糖尿病等疾病，所以他們的器官都不符合移植的資格；相反，植物人通常只是腦部出問題，身體其他器官還很健康，適合作移植之用。不過，植物人只是一個統稱，它包含了不同的情況，在第四章「安樂死」，我們談到有兩種情況，第一種是腦幹死亡，第二種是大腦新皮層死亡，這兩種情況都會步向死亡；但其實還有一種情況，就是病人正在昏迷，有可能會進入植物人的狀態，但也有機會恢復意識，雖然機會不大。有一個案例是這樣的，2009 年加拿大多倫多一間醫院正要為一

名兩個月大的嬰兒凱莉（Kaylee Wallace）解除呼吸器，待心臟停頓後就移植她的心臟給另一位女孩，但解除呼吸器後，凱莉卻能自行呼吸。嚴格來說，凱莉並非腦死亡，她所患的是 Joubert 氏症候羣，會引起睡眠呼吸中止症，所以要使用呼吸器。

或許以上只是一宗醫療上的誤判事件，但將安樂死和器官移植結合在一起有可能令醫護人員疏於照顧臨終病人，或者偏重於器官接受者的利益，根據規定，給安樂死病人解除呼吸器後，要等待心臟停頓才可以做器官移植，但有時醫護人員在解除呼吸器後，會給病者注射嗎啡，或避免血液凝固的肝素，為的是保存器官。

遺 體 捐 贈 的 來 源

意外身亡	器官可能遭到破壞，不適合移植
患病死去	若患上癌症、糖尿病等就不適合移植
安樂死	植物人的器官通常良好，適合移植
墮胎	胎兒的器官要有足夠的成熟程度才適合移植
死刑	有充分時間做器官移植的準備

動物、人造與複製器官

除了器官供應短缺之外，器官移植也可能產生排斥的問題，所以當我們開拓器官的來源時，也要解決人體免疫系統的排斥問題。過往曾經使用動物器官作移植之用，但常常出現排斥的現象，現在我們有了基因改造技術，可以嘗試改變動物的基因，減少排

斥的問題，然後再大量複製基因改造的動物。2001 年，英國的 PPL 公司複製了五隻基因改造的豬，刪除了引發器官排斥的一個基因，增加了器官移植的成功率。不過，涉及排斥的基因其實有好幾百個，這只是成功的一小步。即使動物器官完全沒有排斥的問題，但相信不少人都不願意身上移植動物的器官。用動物作為器官移植的來源也涉及動物權利的問題，本來黑猩猩在生理上更接近人類，理應比豬更適合提供移植的器官，但其道德地位也更接近人類，會引起更大的爭議，使用豬的器官應該是一種妥協，因為豬已是食用的動物，反對聲音會較少。用動物的器官來移植還有一個問題，就是跨物種的感染，可能會將動物的疾病傳到人類身上。

除了動物之外，人造器官也是一個出路，記得小時候有一套美國電視劇叫做《無敵金剛》，故事講述岳士狄上校在一次意外中身體嚴重受創，美國政府用了六百萬美金對他進行改造，令他的雙腳可以六十里時速奔跑，左臂能舉起一輛汽車，右眼是比一般人視力強二十倍的電子眼。事實上，人工眼已經出現了，美國有一種人工視網膜叫做 Argus II，不過只能為視網膜病變患者提供有限度的視力，僅僅辨認出光和動作，而且售價高達十萬美元。相信隨着科技的進步，人工眼的質素會越來越好，而且價格也會不斷下降。由於心臟供應短缺，一種人工心臟也發展出來，稱為 LVAD（左心室輔助器），但使用人工心臟的費用也不便宜，每年約需支付二十萬美元。

另外，3D 打印人工植入體也在開發之中，例如密西根大學生物醫學工程師郝利斯特（Scott Hollister）已經製造出很多塑膠植入

體，他為一名只有十六個月大的幼兒設計了一個能植入喉嚨的塑膠夾，讓他的氣管張開，能順暢地呼吸。這些部件也不一定以塑膠為材料，目前已研製出一種叫「生物墨」東西，用作建構細胞組織的支架，人體器官可以用 3D 打印的方式製造出來，2014 年威克森大學的再生醫學家亞塔拉（Anthony Atala）就打印出人造陰道，並成功植入人體。現在人造皮膚已經面世，既能治療嚴重燒傷的病人，也可用作藥物測試。但要數目前最有成績的生命科技 3D 打印公司，則非 Organovo 莫屬，這間科技公司已成功合成人體心、肺和腎臟的部分結構，及活體的肝臟組織。還有，哈佛大學也以打印的方式，成功製造出腎臟的基本單位，用以過濾血液，看來人工肝臟和腎臟有望在 2030 年製造出來，但心臟的結構則比較複雜，需要較長的研發時間。相信器官打印將會是這個世紀的重要科技，現在已有專門研究人工器官的科學期刊 *Artificial Organs*，美國政府亦於 2017 年發表了規範有關醫療 3D 打印技術的指引。

如果要完全沒有排斥的話，最好的方法就是用自己的細胞複製器官，這就是第七章講的幹細胞研究。先用生物墨 3D 打印出支架，再配合自己的幹細胞再生出組織，理論上可以再生出肝臟和腎臟。上一章我們談到，幹細胞研究引起倫理上的爭論，先拿取病人的細胞用複製技術製造胚胎，再抽取胚胎的幹細胞培植需要的器官，但這會毀掉胚胎，涉及殺害生命的問題。日本京都大學的山中伸彌教授發明了一個方法，不需使用胚胎幹細胞（那就避開了毀壞胚胎的道德問題），而是激活人體的細胞，令它回復多能性的階段，就像胚胎幹細胞一樣，可以發展成不同的組織。

山中教授稱這種細胞為「iPS 細胞」，也就是用人工導引方式培植出來的幹細胞。經過研究，他發現有四個主要基因，將它們注入普通細胞就能激活為幹細胞。理論上，iPS 細胞能培養出人體任何組織，那麼我們就可以用自己的細胞製造器官來更換，解決了供應及排斥的問題，這真是造福人類。現在山中教授已成功培植出視網膜細胞，並進行移植，效果不錯；不過，主要的問題是這種醫療方法的成本十分昂貴，是以千萬元計，一般人根本沒法負擔，唯有寄望科技的進步使成本下降，令大眾受惠。

iPS 細胞的用途

再生醫學治療	培植出人體的不同組織作移植之用，解決器官短缺及排斥的問題
罕有疾病研究	培植出罕有疾病的細胞，作研究之用，並開發治療這些疾病的藥物

總結

器官移植這個題目涉及「墮胎」、「死刑」、「安樂死」和「基因改造」這些篇章，及「自主原則」、「不傷害原則」、「行善原則」及「公正原則」這四個醫療倫理原則，可以說是一個小小的回顧。

活體捐贈是一種無私的行為，除了延續受者的生命之外，也可以給捐贈者帶來助人的幸福感；不過，器官移植不一定成功，捐贈者也可能有後遺症。雖然捐贈者為了至親，願意作出奉獻，但作

為醫生，是否應該衡量成功率和風險，給捐贈者作出理性的勸告呢？在器官分配的決定中，目前香港還是醫護人士作主導，但在歐美的先進國家，已有社會工作者和倫理學學者參與決定，也考慮非醫療的因素，如社會、身分和倫理等等。

有一種身體部位的移植很特別，我們之前並沒有討論過，那就是頭部。雖然目前還未有人進行有關的人體實驗，但有一位叫卡納維洛（Sergio Canavero）的意大利神經外科醫生就曾公開表示將會做此種手術，將四肢癱瘓病人的頭部移植到另一個身體上。不過，這跟一般的器官移植不同，受者可能會產生身分危機，如果受者生孩子的話，那孩子是屬於他，還是屬於死去的供體呢？在遺傳基因上，這孩子應屬於死去的供體，但這個經移植的身體又應屬於受體。

器官移植再一次展示出科技雖然能為我們解決問題，但同時亦會帶來更多的問題，也許人類需要從不斷解決問題的過程中進步，我也相信科學的進步能帶動倫理的進步，如更新「死亡」的定義、改變傳統「全屍」的觀念，這樣才可以規範和引導科技的發展。雖然目前我們仍面對器官供應短缺的問題，但用幹細胞複製組織和器官已經證明了是一個可行的方案，要多謝山中教授研發的iPS 細胞，現在只待技術的改進和降低成本。如果人類可以不斷移植損壞的器官，就像汽車更換零件一樣，那麼我們有可能長生不死嗎？這又會帶來甚麼問題呢？長生不死正是下一章的題目。

關鍵字再思考　　**器官捐贈不足　器官買賣問題　醫療倫理原則**

卡羅否認自己是超現實主義者，因為她自稱畫的是真實，不是夢境；雖然如此，但通常她的畫都被歸類為超現實主義。卡羅是墨西哥的女畫家，而墨西哥又曾是西班牙的殖民地，所以她的畫有一種歐洲和拉丁美洲混合的味道。在《兩個卡羅》這張畫中，就有兩個身分的卡羅，穿上墨西哥服飾的卡羅正安撫着穿歐洲服飾受了傷的卡羅，兩個人的心臟也連在一起，正好象徵着作為畫家精神上的自我，支援着在現實上心靈受創的自我。

《兩個卡羅》(1939)

作者：卡羅
原作物料：油彩
尺寸：173 x 175 cm
現存：墨西哥現代美術館

9

長生不死

「如果死亡不好，那永生就一定好嗎？」

「人生自古誰無死」、「千古艱難惟一死」、「在死亡面前人人平等」這些話都一再向我們表示，死亡是人的必然遭遇，但大部分面對死亡的人都不想就此死去，他們總希望多活一些時間，有些患上絕症的人甚至將自己的身體冷凍起來，期望未來的科技可以醫治這些疾病，到時他們就可以解凍復活。

死亡也是人生的最大恐懼,在第一章「生與死」我們已討論過對死亡恐懼的各種原因,有人認為宗教之所以出現,就是因為有死亡。宗教可以告知我們死後的去向,甚至承諾着永生,減少了我們對死亡的恐懼;但亦有人反過來看,恐懼死亡的是源於對永生的渴求。不過,我比較認同前者,克服死亡的一個方法就是追求永生,中國古代有西王母掌管不死之藥的神話,歷史上亦有秦皇漢武尋找不死之藥的故事。可是,永生難求,退而求其次,就是追求不朽。《左傳》主張「三不朽」,那就是「立功、立言、立德」;不過,歷史上達此境界的人不多,傳統上中國人強調「繼後香燈」,追求百子千孫可以說是某種意義的「不朽」,其實藝術家要創造出不朽之作,背後也可能是源於對死亡的恐懼,藝術家的作品正是精神上的生殖。

最近有一套韓國電影叫做《複製人徐福》,電影講述一間生物科技公司製造了一個複製人,取名「徐福」(徐福是當年秦始皇派去東瀛尋找不死之藥的人)。這個複製人擁有不死之身,而他身上的幹細胞更可以用來治療疾病。由於徐福藏有永生的秘密,於是引來各方的爭奪,亦有人想毀滅他,電影中有這樣的對白:「知道自己有一天會死,才讓人追求人生的意義,永生只會帶來貪婪和慾望」、「人類若能夠永生,最終會導致自我滅絕」。

電影似乎暗示着永生是不值得追求的,因為永生會帶來可怕的後果;但電影並沒有交代為甚麼永生會導致這樣的後果,永生跟自我毀滅又是否存在矛盾呢?究竟現代科學能否研製出永生之術?複製技術和幹細胞又是否達致永生不死的途徑呢?至於永生是否值得追求,那要視乎甚麼意義下的「永生」,也許在某個意義下值

得追求，但在另一個意義下卻不是。以下讓我們先了解一下目前科學界的研究狀況。

老化與長壽

隨着科技和醫藥的進步，人的壽命也越來越長，根據庫茲韋爾（Ray Kurzweil）在《奇點迫近》（*The Singularity Is Near: When Humans Transcend Biology*）一書引用的數據，1800 年美國人的平均壽命是三十七年，而 2002 年則是七十八年，增長超過 100%，相信未來人的壽命會繼續增加，但人的壽命有上限嗎？現在科學家的共識是一百二十歲，最近印尼有一個一百四十六歲人瑞死去，所以我認為人的壽命還是可以提高的，但即使有如彭祖八百歲的壽命又如何，人還不是要死嗎？到目前為止，「生、老、病、死」還是人生的必經階段。

即使保養得宜，人還是會慢慢老化，身體機能漸漸減弱，最終步向死亡。人的身體由細胞組成，人之所以老化的一個原因是細胞的修復能力不足，在我們吸取食物的能量時，燃燒會產生自由基，自由基會破壞 DNA，傷害細胞，所以節食是達致長壽的一個方法，因為自由基的數目會大大減少。

另外，澳洲醫學家伊莉莎白・布雷克本（Elizabeth Blackburn）發現，人體細胞的染色體末端有個端粒子結構，是染色體的保護

蓋，而端粒子結構在每次細胞分裂時都會消耗少部分，但製造端粒子結構的酵素只存在於胚胎或癌細胞中，一般正常細胞分裂到某個次數就會停止，因為它的端粒子結構已消耗殆盡，這也是老化的的另一個原因。如果能夠維持這個保護蓋，就能延緩老化的過程。這種製造端粒子結構的酵素叫做「端粒酶」(telomerase)，如果能大量生產端粒酶，或許可以製造出延緩衰老之藥，目前美國有一間叫 Geron Corporation 的生物科技公司，正在做這方面的研究。如果活化細胞是防止老化的方法，那麼，防止老化能否令人長生不死呢？

既然癌細胞有製造端粒子結構的酵素，那麼，癌細胞能否長生不死呢？早於 1951 年，美國的科學家就培植出一種不死的細胞，稱為「海拉細胞」(Hela Cells)，這細胞是來自一位叫拉克斯 (Henrietta Lacks) 的病人，那其實是她的癌細胞，雖然拉克斯因癌症死去，但她的癌細胞卻一直活着。這種不死的細胞很適合用作藥物測試，對醫藥的發展有很大的貢獻；但當初拉克斯及其家屬並不知道其細胞會用作研究，這似乎違反了知情同意的原則，而其家屬也從未獲得因海拉細胞研究所賺取的經濟利益，這又是否違反了公正原則呢？

最近看了兩則新聞，都是有關基因與長壽的關係，有些科學家相信，長壽的秘密就在於基因。意大利科學家 Paolo Garagnani 做了一個研究，發現在超過一百歲的人士當中，有兩個基因跟長壽有關，一個是 COA1，另一個是 STK17A，STK17A 基因能夠修復 DNA。另外，美國的威爾康乃爾醫學院也發現一個名為 FOXO3

的基因，能夠維持細胞的再生能力。其實科學家已發現了貝螅這種生物是不死的，貝螅只有約三厘米長，通常寄生在寄居蟹的貝殼上，貝螅有很強的再生能力，即使部分被吃掉，很快就可以再長出來。此外，像水母、海星、蚯蚓、蠑螈等這些生物都有再生的能力，研究像蠑螈這類有肢體再生能力生物的 DNA 也許能啟動人類的再生能力。

全球研究長壽的基地應該是美國的矽谷，這裏充滿了異想天開的科技人才，當然，投資者也很重要，例如創立網上支付系統 PayPal 的彼得・提爾 (Peter Thiel)，就投資了不少跟長壽研究和再生醫療有關的企業，著名的有 Unity Biotechnology，這間生物科技公司的宗旨是追求健康和長壽的人生。又例如，Google 創辦人賴利・佩吉 (Larry Page) 和謝爾蓋・布林 (Sergy Brin) 成立了一間研究長壽的科技公司叫做 Calico (California Life Company)。還有，負責人類基因圖譜計劃的克萊格・凡特 (Craig Venter) 跟科技企業家彼得・戴曼迪斯 (Peter Diamandis) 合作，成立了 Human Longevity, Inc.，目標是找出導致疾病的基因，繼而消滅疾病，延長人類的壽命。羅伯・哈瑞里 (Robert Harini) 也是這間公司的重要人物，哈瑞里是神經外科醫生，他研究的重點是幹細胞，他認為胚胎的幹細胞之所以那麼活躍是跟胎盤有關，胎盤負責供應胚胎營養，可以說是製造幹細胞的工廠，中國人很早就發現了胎盤的藥用價值，那叫做「紫河車」的東西其實就是胎盤。哈瑞里相信只要活化人體的幹細胞就能做好修復的工作，在第八章已介紹過山中教授的「誘導性多能幹細胞」研究，相信假以時日，我們就可以利用幹細胞來延長人的壽命。

當然，矽谷以外也有不少科學家研究長生之秘，例如俄亥俄州立大學研發出一種用於醫療的納米晶片，經由晶片將改造的 DNA 輸入皮膚細胞，將皮膚細胞轉化為幹細胞，這樣就可以修復受傷的部位。納米科技是另一種延長生命的技術，相信未來我們能夠將納米機械人植入人的身體，這樣納米機械人就可以遊走於全身，修復損壞的細胞。

長壽不單是一個醫學上的問題，也是社會和經濟的問題，為此史丹佛大學成立了一間長壽研究中心，讓不同學科的專家共同合作，探討跟長壽有關的各種問題。比如說婚姻和養育子女的問題，假如人可以長命千歲，你可能就不會急於結婚或生孩子，但也有可能你會不斷結婚和離婚，或是生很多孩子，或許對婚姻和家庭制度帶來很大的影響。

不同意義的永生

對人類來說，「永生」這個詞是充滿歧義的，我先區分出宗教上和現世上兩種意思。宗教講的「永生」涉及靈魂和超越界，根據基督教的說法，靈魂是永恆不滅的，在這個意思下，人本來就是永生不死，分別在於最後審判時，靈魂和肉體會再度結合，要麼在天堂上得享永生，要麼下地獄接受永苦之刑。佛教講的「涅槃」和道教的「成仙」也可以理解為在超越界得到「永生」。至於現世

上的「永生」則是指人的肉體生命永遠維持，沒有終結的一天，以下我們主要講的是現世的永生。

看過吸血鬼電影的人都知道，吸血鬼縱使是長生不死，但其實還是有消滅他的方法；記憶中有一套電影是講述一班永生戰士，雖說是永生，但把戰士的頭顱斬下來還是會死的。當然，以上這些電影講的永生要依靠神秘的力量，而在這裏講的永生則訴諸科學的力量。所謂「現世的永生」的其中一個意思是人不會因疾病或老化而死去，例如上一章我們提到可以不斷更換器官來延續生命，又或者使用修復細胞的基因治療，但當我們停止這些治療時，人還是會死的。即使如此，在這地球上沒有人真的可以永久地生存下去，因為地球始終會有毀滅的一天；不過，如果科技容許我們移民別的星球，而宇宙又可以永恆地存在的話，那麼人有可能永遠地活着。

另外，「現世的永生」也可以指起死回生，每一次人死去之後都可以用科技令其復生，這樣我們就可以繼續生存下去。在以上所講的「永生」中，我們都能夠選擇死亡或繼續生存，但我們可以想像有一種「永生」是不可能死亡的，例如人體的細胞有很強的自動修復能力，這樣我們就連自殺也不可能。

還有一種「永生」的可能性，在第七章「基因改造」我們提到科技烏托邦思想，而庫茲韋爾可以說是這種思想的繼承者，庫茲韋爾是一位科學上的極端樂觀主義者，對未來科技抱有很大的期望，他認為科技最終能夠根除所有疾病，不但逆轉老化，甚至超越死亡，人類能以肉體的形式永遠生存下去；或者是將意識上載，以

數位化的形式保存，他還預測人工智能將會發展為人與機器的結合。前者是我們已經談論過的「現世的永生」，那是以肉體的形式存在；但後者則不是，那是一種純粹意識的存在，有點像靈魂的存在形態，不同的是，沒有肉體的靈魂只能夠存在於超越界，而庫茲韋爾所講的意識則存在於網絡世界。此外，以數位化形式存在的意識可以連接機械的身體，成為 cyborg，那是人和機械的合體，很多科幻小說和電影都以此為題材，庫茲韋爾相信 2045 年就可以實現，他現在正積極地維持自己的生命，希望到時能以新的形式存在於世界。

有趣的是，有一套電影叫做《鐵甲再生人》，由羅拔．威廉士（Robert Williams）主演，故事講述一個機械人跟人類相處得久了，很渴望變成人類，於是透過先進的科技，轉換成人類的身體，經歷衰老，最後跟愛人一起接受安樂死離開世間，完成人的一生。這套電影的主旨跟庫茲韋爾的想法剛好相反，本來是永生不死的機械人希望像人類一樣經歷死亡，而庫茲韋爾則想換上機械的身體以求永生不死。

永 生 不 死 的 不 同 意 思

宗教的永生	靈魂（或靈魂＋肉體）永遠存在
現世的永生	人以肉體的形式永遠存在
意識的永生	意識永遠存在於網絡世界
	意識連接機械身體，成為 cyborg

永生值得追求嗎？

相信大部分人面對死亡時都不想死，因為死亡會剝奪我們美好的東西，我們總希望有多些時間享受人生。如果死亡不好的話，那麼永生是否就對我們有利呢？2003 年，美國總統喬治‧布殊（George Bush）成立的「生命倫理委員會」發表了一個報告書，名為《超越治療》（*Beyond Therapy*），探討有關長生不死科技的問題，委員會由不同界別的人士組成，除了科學家，還有桑德爾（Michael Sandel）和福山這些哲學和政治學者，委員會的主席是里昂‧凱斯（Leon Kass），他基於基督教的觀點，主張對這些科技加以限制，大抵上這個報告書是否定長生不死的科技。2007 年，英國科學家奧布里‧德格雷（Aubrey de Grey）寫了《老化的終結》（*Ending Aging*）一書，針對《超越治療》的論點提出反駁，並力證有方法防止老化。

正如前面所言，永生是否值得追求，要視乎哪一種意義的永生。如果是身體日漸衰老的永生，恐怕沒有人會願意接受，例如在《格列佛遊記》（*Gulliver's Travels*）中，小人國的人雖然得享永生，但身體卻會隨之老化和衰退，那麼他們就要永遠承受身體老化帶來的痛苦，那根本就是詛咒。由此可見，單單追求長壽是沒有意義的，我們還需要健康的身體。另外，相信也不會有很多人接受存在於網絡世界的意識永生，或許我們仍然可以享受智性上的樂趣，但肯定不能感受肉體上的快樂，因為你並沒有身體。

現在讓我們假設身體可以永遠健康，永生是否值得追求呢？如果只有我可以得到永生的話，那麼我就要不斷經歷親人死去的痛

苦，似乎也不值得追求。我們又假設所有人都可以得到永生，那永生又是否值得追求呢？我第一個想到的問題就是人口會不斷膨脹（除非禁止生育），還有就是維持龐大人口及其健康所需要的資源。一個比較接近現實的狀況是，即使有長生不死的科技，但一定是非常昂貴的，只有少數富有的人才有能力負擔；換言之，也只有少數富人才可以得到永生，那麼社會的大部分利益就會被小部分人永遠擁有，產生非常嚴重的不平等問題。我們不妨又假設社會的資源是無限的，並且這是資源共享的時代，那麼，這種永生值得追求嗎？

已故的英國哲學家威廉士（Bernard Williams）認為永生是不值得追求的，因為這最終只會導致沉悶和無聊的人生。在〈馬克羅普洛斯事件：對乏味永生的反省〉一文，威廉士提到捷克劇作家卡雷爾・恰佩克（Karel Capek）的作品《馬克羅普洛斯事件》（*Věc Makropulos*），劇中女主角服用煉金術師的延生之藥，活了三百四十二歲，感到生命已到了無聊沒趣的狀態，於是決定不再服藥，結束了生命。但從尼采的角度看，即使是枯燥無聊的人生，人還是必須肯定生命，為此他提出了「永劫回歸」的主張，就是我們會永遠重複着相同的人生，也許只有尼采講的「超人」才能有這樣驚人的意志力量，一般人是忍受不到的。

前面提到大部分人面對死亡時都想多活一些時間，享受人生的美好事物，例如閱讀、旅行、友情、愛情、學習等等，但問題是，當你長時間（我講的是幾百、幾千，甚至幾萬年）做着相同的事，最終也會覺得沉悶，就以我自己為例，我喜歡旅行、讀哲學和畫畫，假如我已經到過世界各地旅行，讀過各種各樣的哲學理論，

思考過種種不同的哲學問題，也創作出最完美的作品，最終我所有感興趣的活動都不再引起我的興趣。然而，人可以轉變自己性格和興趣，這樣我可能會研究烹飪和數學；但威廉士指出，不斷轉變自己的性格和興趣，那就會產生身分同一性的問題，究竟你還是否同一個人呢？比如說，一萬年後我的性格和興趣將會徹底改變，現在的我還想追求永生嗎？不過，性格和興趣的轉變是有連續性的，我不會突然間變成另一個人，比如說我不會突然對數學產生興趣，可能在我思考哲學問題時，有些跟數學有密切關係，於是慢慢又對數學發生興趣，而且社會不斷會有新的事物出現，也許經過幾萬年之後，以前讀過的哲學有很多都忘記了，再讀哲學也可能會重拾趣味。

威廉士對永生的看法

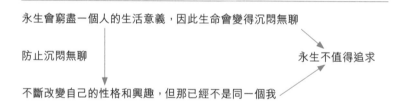

永生會窮盡一個人的生活意義，因此生命會變得沉悶無聊

防止沉悶無聊

永生不值得追求

不斷改變自己的性格和興趣，但那已經不是同一個我

其實我並不是反對威廉士的主張，也許他是對的，在無限的時間裏，我們可能真的會感到無聊，因為所有可以做的事都做過了，只有不斷地重複，人生已經沒有甚麼意義了，死亡反而是一種解脫。但對於大部分人說，我們還是死得太早，因為我們還有太多有意義的事未完成。撇開資源和公平的問題不談，即使長生不死不值得追求，長生不死的技術還是值得追求，因為我們想幾時死就可以幾時死，假如有人活了三千年，所有美好事物都經歷過，

也感到人生開始變得無聊，他就可以選擇不繼續進行長生治療，然後安然地死去，正如前面威廉士所舉的戲劇例子。

我們不想死的其中一個原因是害怕死後的去向，假如死後還有的話，那麼很有可能就是宗教所講的天堂和地獄。從這個角度看，死亡也不完全是壞事，因為死後我們有可能進入另一種存在的形式。我相信靈魂擺脫了肉體的束縛後，會得到真正的自由；那麼，現世上的長生不死反而阻礙了我們進入死後的美好世界。雖然我相信死後會有一個更美好的世界（當然，地獄是例外），但如果你問我：「現在就去好嗎？」我還是會說：「太早了！」

反對永生不死的理由

永生只會帶來貪婪和慾望	
永生會導致人類的毀滅	壞
	的
永生會導致社會嚴重不公平	後
	果
永生會令人口膨脹	
永生會令維持健康的費用大大增加	

道教與長生

「長生不死」這個論題涉及科學和宗教，也可以看成是兩者的交集；但科學和宗教似乎處於敵對的狀態，科學講求經驗證據，懷疑是從事科學的必要態度，宗教則是信仰，懷疑正表示信心不

夠；從科學的角度看，宗教所講的都欠缺充分的證據，從宗教的角度看，目前科學只能發現生命的表象，離生命的實相還很遠。但中國過去有一個宗教，卻十分重視科學，那就是道教，中國古代的科學知識，有不少都是來自道教的煉丹之術。研究中國古代科學的權威李約瑟（Joseph Needham）寫了《中國科學技術史》（*Science and Civilization in China*）一書，他認為中國古代的科學和科技跟道家思想有密切關係。而道教正是道家思想的宗教化，道教煉丹的道士源於先秦的方士，方士正是古代的科學家，他們研究天文、地理、藥物等等，而道教所主張的「長生不死」，其實也是源自方士追求長生不死之藥。

道 教 的 兩 大 派 別

先秦道家以養生適性為主，追求精神的解脫；而先秦的方士則偏重於丹藥，追求的是長生不死，兩者在漢朝之後慢慢融合，形成了神仙道教，跟由祭祀祝禱發展而成的民間宗教組織可以說是早期道教。

| 丹鼎派 | 由先秦的方士演變而來，主張修煉長生不死的仙丹 |
| 符籙派 | 繼承祭祀祝禱的傳統，發展為畫符唸咒，驅神役鬼的道術 |

我認為，道教背後有一種求真的精神，這種求真精神是來自道家，道家的理想人物叫做「真人」。不過，道家思想中卻有反科技的傾向，《莊子》書中有一個寓言，說種菜老人不用機械來幫忙灌溉，因為使用機械就會有機巧之心，講求效率就會計算，計算就會計較，計較就會產生嫉妒和怨恨，令人心變壞。科技正是機巧之事，但問題是，在現代社會我們根本不能脫離科技而生存，而環境和能源各種問題，也要依賴科技的進步才有望解決，科技的本質是否真的如莊子所說實有商榷之處。停止使用科技，

限制經濟增長，不謀求發展是行不通的。道家講的順其自然，要我們跟自然和諧相處，的確有其智慧所在；跟探求自然，強調不斷進步的科學思想雖然不同，但兩者並不矛盾。

道教對長生不死的追求，似乎跟道家順其自然的思想很不同，反而更接近於儒家積極進取的樂觀精神，正如《易經》所講：「生生之謂易」，生生不息的極致不就是長生不死嗎？雖然道教很受佛教的影響，包括輪迴和三世因果的思想，而在修煉方法上，佛道兩教又互有影響；不過，「長生不死」仍然是道教的獨有主張，那就是無須經歷肉體的死亡，就可以達到宗教講的「永生」。

對於成仙的方法和過程，各派都有不同的說法，例如東漢末年道士魏伯陽主張修煉內丹，服食外丹；東晉時的道士葛洪則主張服食外丹；而上清派反對服食丹藥是成仙的最佳途徑，認為誦經和存思才是最有效的方法；北朝的寇謙之則強調謹守戒律、齋功禮拜，感動仙官授以長生之法。對於服食外丹，我是有所懷疑的，畢竟有帝皇死於服食這些「仙丹」；內丹之學，簡單來說，就是靜坐，目的是打通「奇經八脈」，具體的方法有「存思」、「精思」及「守竅」等，精要在於精神統一。南懷謹老師認為，奇經八脈約對應於現代醫學講的中樞神經系統和自律神經系統。至於「仙人」的種類，根據《鍾呂傳道集》的記載，共有五種，依次為：1. 大羅金仙（神仙）、2. 天仙、3. 地仙、4. 人仙、5. 鬼仙，其中只有大羅金仙和天仙兼有宗教和現世意義的永生不死，能在人間和超越界自由往來。

精氣神 VS 靈魂三分

道教修煉有所謂「煉精化氣，煉氣化神，煉神還虛，破除虛空，就能成就大羅金仙」的説法，而精、氣、神又跟柏拉圖的靈魂三分有着對應的關係。

道教	身體 ——— 心靈		柏拉圖
神	頭部 ——— 智慧		理性
氣	胸部 ——— 力量		意志
精	腹部 ——— 快感		慾望

即使「長生不死」這個目標難以達成，但在追求的過程中，道教發展出種種養生的方法，內丹之學孕育出氣功，外丹之術也累積了不少化學和醫學的知識。一般講哲學的書都很少提及道教思想，原因可能是道教講煉丹成仙不死，不免給人神怪和非理性的印象。不過，我反而認為道教是最具科學精神的宗教，在今天可歸入生命科學的範圍。如果覺得道教主張的「長生不死」還是太過神怪，那麼將「長生」解釋為延長生命也沒有問題，道教的修煉可以幫助我們得享高壽。然而，追求高壽是否是一種執着呢？現代社會比古代社會複雜得多，我們需要學習更多的知識，完成更多的工作，這樣才能實現有意義的人生。但長壽而不快樂的人生也是不好的，所以道教主張「性命雙修」，用現代的話講，可以説是追求長壽及（心靈）快樂的人生。

總結

自從現代科學興起，我們建立了一個知性十分發達的現代社會，但悟性和神秘的事物都被邊緣化，現代科學背後也有着很強的唯物主義色彩，追求物質，追求科技差不多到了一個極端，所謂物極必反，反過來就是追求心靈，那就是宗教的時代。唯物論暗示人和世界只是偶然的產物，這樣會容易導致虛無主義的思想；從宗教的角度看，人作為神子，或具有佛性，才能喚起人的信仰心和道德心，謙虛和尊嚴。

雖說科學和宗教常存在衝突，但亦有人認為，宗教和科學各有自己管轄的範圍，沒有衝突的必要，科學研究的是經驗世界，而宗教則是意義和價值的來源；不過，我認為科學最終會探究宗教所講的超越界或死後的世界，科學和宗教會有接合的一天，到時宗教談的死後世界將會得到驗證，我相信這也是李天命先生所講「科神玄接」的其中一個意思。當然，也有人反對這種主張，康德就認為人類的認知能力有其限制，科學只能研究現象世界的事物，涉及死後和超越界的東西是人類永遠無法知道的。

雖然主流科學家多認同唯物論，但亦有不少科學家試圖研究靈性的現象，例如十九世紀末就有一位科學家叫做威廉・克魯克斯（William Crookes），他藉助靈媒的力量，召喚了一名叫凱蒂・金格（Katie King）的靈魂，並使之物質化，還拍了照片。當時有一位很出名的哲學家，叫做威廉・詹姆斯（William James），也對靈魂進行了研究。跟達爾文同時代有另一位主張進化論的科學家

叫做華萊士（Alfred Russel Wallace），他也研究靈性現象，而他所主張的進化論則包含了靈性的進化。

科學探究未知的世界，宗教則宣示神秘的領域；我認為，兩者的恰當關係應是，宗教給科學引領方向，而科學則揭示宗教的神秘，信仰與科學並存。我相信人類的將來，也取決於宗教和科學的融合。科學代表進步和客觀，也是我們獲取知識最可靠的方法。這個宇宙就好比一個魚塘，科學就像魚網，有關死後世界和靈魂的真相，在過去就像漏網之魚，但只要我們不斷改善這科學之網，有朝一日，必能探知這些真相。如果能夠證明靈魂存在，並知道靈魂何時進入及離開身體的話，就可以清楚定義生死，解答跟自殺、墮胎、安樂死和器官移植等有關的問題。

如果靈魂就是人的本質，而靈魂又是不滅的話；那麼，我們本來就是永生不死的。正如第一章所講，我相信人的靈魂會不斷輪迴轉世，穿梭於實在界和人世間，目的就是提升靈魂的質素，體會靈性進化的喜悅。也可以說，人有兩重的生命，一重是永恆的生命（靈魂不滅），另一重是現世有限的生命（肉體會死亡），體會肉身的死亡對靈魂的成長有着重要的意義。從這個角度看，死亡是好的，在盡了人生的責任之後，很有機會到一個比現世更快樂的地方，或更高層次的存在狀態。現世的長生不死雖然不值得追求，但追求健康和長壽卻沒有問題，因為在現代社會，我們需要更多的時間來學習，及實現有價值的事。我以為「長生不死」可以這樣理解，「長生」是指長壽，「不死」是指精神不死或靈魂不滅。

比起以「基督受死」為主題的繪畫，「基督復活」
比較少，其中我最欣賞的就是格魯奈瓦德所畫的
這一張，因為它展現出基督復活的力量。在這張
畫中，我們看到基督衝破棺材而出，飛舞於半空
中，發出神聖的耀眼光環，跟那些受驚嚇的羅馬
士兵形成了強烈的對比。雖然格魯奈瓦德身處文
藝復興時代，但他的畫仍帶有中世紀時那種表現
性的風格，我認為除了構圖和色彩，表現性風格
正是這張畫的力量所在。

《基督復活》(1515)

作者：格魯奈瓦德
原作物料：油彩
尺寸：269 x 143 cm
現存：恩特林登博物館

後　語

過去生死是人生大事，現在科技的進步似乎讓我們有力量主宰生死，這將會是一個怎樣的時代呢？當生命能隨意製造（複製人）和毀滅（死亡機器）時，生命的價值和尊嚴會否大大降低呢？有人說這是人的「物化」，人反過來被科技操控；我則認為這是人文學科追不上自然科學所致，宗教也必須擺脫保守的傳統，謀求創新和發展。

未來有着多種可能性，目前科學是人類文明進一步發展的契機，我們快要進入太空時代，必須有配合太空時代的哲學和宗教，新時代也需要新的生死觀。舉個例，當人普遍能夠活到一百歲時，孔子的「七十而從心所欲，不逾矩」已不夠用，我們需要八十、九十，甚至一百歲的人生格言。

梁光耀

2021 年 7 月 9 日書於香港黃金海岸